LE NOUVEAU SANS FRONTIÈRES 2

MÉTHODE DE FRANÇAIS

CAHIER D'EXERCICES

CHANTAL PLUM
PHILIPPE DOMINIQUE · JACKY GIRARDET

CLE INTERNATIONAL

27, rue de la Glacière. 75013 Paris.
Vente aux enseignants : 18, rue Monsieur le Prince. 75006 Paris.

SOMMAIRE

ISBN 2.19.033462.4

Ce cahier d'exercices propose des activités complémentaires pour vous qui travaillez avec Le Nouveau Sans Frontières 2. Il est organisé en 4 unités, avec 5 leçons dans chacune, correspondant aux unités et aux leçons du livre de l'élève.

Chaque leçon présente 5 rubriques : Vocabulaire – Grammaire – Écrit – Oral – Compléments.

Certains exercices pourront être réalisés directement sur le cahier ; pour d'autres, les réponses devront être écrites sur une feuille ou un cahier à part. Ce gain de place nous a permis de vous offrir plus d'exercices, plus de documents, plus de jeux, plus de textes.

A vous de choisir les activités et les exercices qui renforceront les acquisitions de la méthode.

Bon Courage !

Leçon 1

❑ Vocabulaire

1. *Les professions de la télévision. Trouvez le nom de la fonction correspondant à ces activités.*

- Il / elle fait des interviews et des enquêtes sur le terrain.
- Il / elle présente et commente les émissions de variétés et les jeux télévisés.
- Il / elle développe les informations et présente les reportages du journal télévisé.
- Il / elle filme avec une caméra.
- Il / elle assure le financement d'une émission.
- Il / elle présente les programmes de la journée.
- Il / elle vérifie que le son est de bonne qualité.

- le producteur / la productrice
- le cadreur
- le reporter
- la speakerine / le présentateur
- le présentateur / la présentatrice
- l'animateur / l'animatrice
- l'ingénieur du son

2. *Les médias. Complétez avec l'un des deux mots.*

(programme - émission) Beaucoup de téléspectateurs trouvent que les ...... les plus intéressant(e)s passent trop tard dans la soirée.

(chaîne - station) Europe 1 est une ...... privée de radio.

(journal - magazine) Toutes les semaines, j'achète *Le Point* et *Le Nouvel Observateur* : ce sont deux bons ...... d'information.

(information - nouvelle) J'ai écouté les ...... de 13 heures à la radio. J'ai appris une ...... importante.

(publicité - annonce) Il veut vendre sa voiture. Il a mis une ...... dans le journal.

3. *Les caractères. Ces six personnes travaillent ensemble dans la même entreprise, mais elles ont des personnalités très différentes.*

Laurent est sympathique et chaleureux. Il sourit à tout le monde. Il est toujours prêt à rendre service. Il aime rire.
Michel est timide. Il hésite souvent avant de faire quelque chose. Il ne sait pas prendre de décisions.
Jean-Jacques est antipathique. Il aime se moquer des autres. Il peut être dur, méchant et même grossier.
Anne-Marie est orgueilleuse et prétentieuse. Elle se croit toujours au-dessus des autres.
Mireille est douce et gentille. C'est une femme très simple et très modeste. Mais elle manque totalement d'humour.
Florence a un caractère froid et réservé. Il n'est pas facile d'engager une conversation avec elle.

a) Ces six personnes se rencontrent tous les matins quand elles arrivent au bureau. Imaginez leurs attitudes et leurs conversations. Mimez et jouez les rencontres entre Laurent et Anne-Marie, entre Laurent et Jean-Jacques, etc.
b) Un étranger, perdu dans la ville, demande son chemin à chacune de ces personnes. Imaginez et jouez les scènes.

4. *Personnalité, goûts et préférences. Dessinez et présentez votre blason. Imaginez votre devise.*

Voici le blason de Nicolas Fouquet, ministre des Finances du roi Louis XIV. Sa devise était en latin :
« Quo non ascendam »
Ce qui signifie « Jusqu'où ne monterai-je pas ? » (Je monterai toujours plus haut).
Dans votre blason, représentez par un dessin symbolique les traits de votre personnalité ou les choses qui sont pour vous les plus importantes : une épée si vous êtes combatif, un château du Moyen Âge si vous aimez le passé, une guitare si vous aimez la musique, etc.

❑ Grammaire

5. *Conjugaison du présent. Classez les verbes suivants selon leur conjugaison au présent. Faites cinq groupes.*

arriver – répondre – traduire – demander – agir – réussir – vendre – conduire – abandonner – aller – apprécier – perdre – détruire – finir – descendre – parler – choisir – construire – donner.

6. *Présent des verbes en – yer. Mettez les verbes à la forme qui convient.*

– Tu as trouvé du travail ?
– Oui, c'est la mairie qui m'(employer).
– Qu'est-ce que tu fais ?
– Je suis dans l'équipe qui s'occupe des jardins publics. Nous (balayer) les feuilles mortes. Nous (nettoyer) les allées... Ce travail m'(ennuyer) beaucoup.
– Ils te (payer) bien ?
– Très mal !
– (Essayer) de continuer ! Dans quelques mois, ils te donneront peut-être un travail plus intéressant.

7. *Conjugaison des verbes comme « lever », « promener », etc. Mettez au présent les verbes entre parenthèses. Veillez à placer correctement les accents.*

- Mon mari et moi, nous (se lever) à 7 h. Les enfants (se lever) à 7 h et demie. A 8 h et quart, il faut les amener à l'école. Mon mari (emmener) le plus grand au lycée qui est sur le chemin de son travail et moi j'accompagne le plus jeune à l'école maternelle.
- Demain, nous allons (se promener) dans la campagne. J'(espérer) qu'il fera beau.
- « Vous venez au restaurant avec nous ?
  – Non, je continue mon régime.
  – Vous (exagérer) ! Vous ne mangez presque pas depuis six mois. Combien vous (peser) ?
  – Je (peser) 60 kg. Vous voyez, je n'(exagérer) pas. Je dois encore maigrir un peu. »

8. *Comparatifs et superlatifs. Complétez avec...*

a) bien, mieux, bon, meilleur, le meilleur.

Jacques Lebel, directeur de l'entreprise Sofica, a pris sa retraite.

C'est Gérard Terron qui le remplace. On dit que c'est ...... chef d'entreprise de la région. C'est un très ...... patron. Il gère très ...... son affaire et dans ses relations avec le personnel, il est ...... que Jacques Lebel. Il comprend ...... que lui les problèmes des ouvriers.

b) mal, plus mal, mauvais, pire, le pire.

« – J'ai envie d'aller écouter *Carmen* à l'Opéra.

– N'y vas pas ! C'est une catastrophe. Charlotte Leblanc chante assez ...... et c'est une ...... comédienne. Marie Dupuis chante encore ...... qu'elle. Mais ...... de tous, c'est André Reynaud. Il n'a vraiment pas la voix pour le rôle de Don José. Je les ai entendus mardi dernier et il paraît que la représentation d'hier soir était ...... que celle de mardi. »

9. *Comparatifs. Comparez d'après les indications.*

- **Deux fleuves français**

	longueur	hauteur de la source	débit moyen
La Loire	1 012 km	1 375 m	375 m^3/seconde
La Seine	776 km	471 m	800 m^3/seconde

- **Deux montagnes françaises**

	superficie	sommet le plus haut
Les Pyrénées	55 000 km^2	3 404 m
Le Massif Central	86 000 km^2	1 886 m

- **Le climat de quatre villes**

	température moyenne en janvier	température moyenne en juillet	nombre de jours de pluie dans l'année
Brest	6°	16°	201
Nice	7°	22°	87
Montpellier	6°	22°	87
Paris	3°	19°	162

❑ Écrit

10. ***Pour ou contre la télévision.***

10 RAISONS POUR NE PAS AVOIR LA TELE

Parmi les arguments des « sans-télé », voici les dix raisons le plus souvent invoquées :

1. Le manque de temps. Impossible, quand on passe trois heures par jour devant le poste (moyenne nationale !), de faire du sport, de lire, d'écouter de la musique, de se balader... La télé est une invitation permanente à la paresse. Télé mangeuse de soirées.

2. Le bas niveau des 3/4 des programmes. Les seules émissions intéressantes sont toujours diffusées trop tard dans la soirée. Alors, à moins d'avoir un magnétoscope... Contre la médiocrité, il faut se mettre en grève illimitée.

3. L'invasion de la publicité qui transforme le téléspectateur en « cible » permanente.

4. Le danger d'illétrisme qui guette les enfants téléphages. En 1989, 20 % des élèves ne savent pas lire à l'entrée en sixième !

5. Le risque, à force de voir chaque jour des images violentes de guerre, de séisme, de famine, **de devenir insensible** à la douleur des autres, d'accepter la misère comme une fatalité.

6. La télé efface peu à peu la vie de famille. Dans certains cas, elle fait carrément office de baby-sitter. Plus de dialogue, plus de vie de couple... « Quand font-ils l'amour, ceux qui regardent la télé ? », demande une lectrice.

7. L'objet télé est inesthétique et prend de la place. Il faudrait avoir une pièce à part...

8. Comme pour les cigarettes, il est plus facile d'y renoncer totalement que de se « modérer ».

9. Avec le prix d'un téléviseur (4 000 F en moyenne) on peut acheter 40 livres à 100 F ou aller 150 fois au cinéma ! Sans compter l'économie de la redevance...

10. Le plaisir (un peu snob, il est vrai !) de dire : **Je n'ai pas la télé** mais je lis *Télérama*...

Télérama, n° 2049

a) Analysez et discutez chacune de ces dix raisons pour ne pas avoir la télévision.

b) Rédigez une liste de dix raisons pour avoir la télévision.

11. ***Une lettre de Madame de Sévigné.***

Mme de Sévigné (célèbre pour les lettres qu'elle a écrites au XVIIe siècle) écrit à une amie pour lui annoncer une nouvelle extraordinaire.

« Je vais vous mander(1) la chose la plus étonnante, la plus surprenante, la plus merveilleuse, la plus miraculeuse, la plus triomphante, la plus étourdissante, [...] la plus extraordinaire, la plus incroyable, la plus imprévue, la plus grande, la plus petite, la plus rare, la plus commune, la plus éclatante, la plus secrète... »

(1) mander : communiquer (vieux français).

Imitez Mme de Sévigné pour présenter une personne, une chose, ou un événement extraordinaire.

« C'est l'homme le plus étonnant, le plus laid, le plus ... ».

12. Lisez ces opinions de téléspectateurs. De quoi se plaignent-ils ? Êtes-vous d'accord avec eux ?

LE COURRIER

VOUS JUGEZ

À QUELLE HEURE LA CULTURE ?

Je m'étonne de voir les émissions culturelles intéressantes programmées la plupart du temps à 22 h 30. Prend-on les téléspectateurs pour des oisifs ou des insomniaques ? N'est-il pas scandaleux de constater que les émissions consacrées au général De Gaulle soient programmées à 22 h 30 ? Pense-t-on aux lycéens qui vont passer leur bac en juin ? Aux personnes qui ont vécu la guerre ? C'est là une bien triste manière de transmettre le patrimoine historique de toute une nation !
De même n'est-il pas navrant que toutes les émissions de François de Closets soient, elles aussi, programmées très tard ? Pense-t-on aux personnes qui n'ont pas eu la possibilité de faire des études, à ceux qui n'habitent pas des villes universitaires ou n'ont pas les moyens d'acheter un magnétoscope ? La télévision pourrait jouer un rôle éducatif sensationnel si elle daignait programmer ces émissions à des horaires convenables. Et l'on parle de lutte contre la pauvreté, d'illétrisme, de télé-enseignement... Laissez-moi rire ! J'appelle cela se moquer du monde !

L'AMOUR, PAS LE CRIME

Depuis quelques mois, nous en prenons plein les gencives – surtout sur FR3 et La 5 – avec des films d'horreur. Cela en plus de notre régime hebdomadaire de 200 à 220 heures de films et de séries de crime, meurtre, gangstérisme, violence gratuite, le tout bien recouvert d'hémoglobine. Serait-il permis de se demander à quelle minorité cette nouvelle vague d'horreur convient réellement, et, pourquoi les directeurs des chaînes de télévision l'acceptent ?

Télé Poche, n° 1138.

Notes :

oisif : qui ne travaille pas.
navrant : désolant.
François de Closets : journaliste, présentateur d'émissions de télévision à caractère scientifique et économique.
daigner : consentir, accepter par faveur.
en prendre plein les gencives : (expression familière) recevoir des chocs psychologiques répétés.

Vous n'êtes pas satisfait(e) des programmes proposés par les chaînes de télévision de votre pays (ou des horaires, d'une émission, d'un présentateur particulier).
Rédigez une lettre de protestation pour le courrier des lecteurs d'un magazine de télévision.

☐ *Oral*

13. *Les personnes que vous voyez en haut de la page ci-contre ne vivent pas tout à fait comme tout le monde. Leur emploi du temps, leur rythme de vie, leurs habitudes sont différents.*

un pilote d'avion

un gardien de phare

Faites deviner à votre voisin(e) le nom d'une profession en décrivant l'emploi du temps et les activités de la personne qui l'exerce.

Exemple : « Elle a un travail irrégulier. Elle est obligée de se lever et de se coucher à des heures variables. Elle doit souvent travailler la nuit, les dimanches et les jours de fête. Dans son travail, elle doit être aimable avec tout le monde. Elle habite en France mais sa profession la conduit dans les pays étrangers. »

14. ***Jouez la scène.***

Ils organisent une fête et font la liste des invités. Mais ils ne sont pas d'accord sur certains noms...

ON INVITE PATRICE DUBOURG, N'EST-CE PAS ?
AH, NON ! PAS LUI ! IL EST TROP.... JE N'AIME PAS SON... JE PRÉFÈRE INVITER...

15. *Quel est le sens de cette photo ?*

Faut-il interdire aux enfants de regarder certaines émissions de télévision ? Faut-il les laisser libres de choisir ?

Compléments

16. *Testez vos connaissances. Cochez la bonne réponse. Quel(le) est...*

A. ... la plus haute tour du monde ?
1. La tour Eiffel
2. L'Empire State Building de New York
3. La G.N. Tower de Toronto

B. ... le plus long mur du monde ?
1. La Grande Muraille de Chine
2. Le mur d'Adrien en Écosse
3. Le mur du parc du château de Chambord (France).

C. ... le pays le plus chaud du monde ?
1. La Libye
2. L'Équateur
3. L'Éthiopie

D. ... le pays le plus étendu du monde ?
1. Les États-Unis
2. L'U.R.S.S.
3. L'Australie

E. ... la plus forte densité de population ?
1. Calcutta
2. Macao
3. Hong Kong

F. ... la mer la plus salée du monde ?
1. La mer Méditerranée
2. La mer Noire
3. La mer Morte

G. ... le plus grand port du monde ?
1. Le port de New York
2. Le port de Rotterdam
3. Le port de Marseille

H. ... l'océan le plus profond ?
1. L'océan Atlantique
2. L'océan Pacifique
3. L'océan Indien

I. ... le plus grand lac d'eau douce ?
1. Le lac Léman (Suisse et France)
2. Le lac Supérieur (États-Unis et Canada)
3. Le lac du Bourget (France)

J. ... la plus petite et la plus froide des planètes ?
1. Mercure
2. Uranus
3. Pluton

Réponses
A3 (555 m) - B1 (6 320 km) - C3 (moyenne annuelle de 34°) - D2 (22 millions de km²) - E2 (24 423 habitants au km²) - F3 (35 % de sel) - G1 (261 postes à quai) - H2 (11 034 m dans la fosse des Mariannes) - I2 - J3 (Elle est 6 fois plus petite que la terre. La température y est de – 220 °C)

17. *Jouez au jeu télévisé « Les chiffres et les lettres »*

Ce jeu comporte deux types d'épreuves :

– **l'épreuve du mot le plus long.** Les candidats doivent former un mot le plus long possible à partir de 9 lettres tirées au sort. Dans le tirage au sort, ils peuvent choisir, à tour de rôle, une voyelle ou une consonne.

– **l'épreuve des chiffres**
A partir de 6 nombres tirés au sort, les candidats doivent arriver à un nombre de trois chiffres, lui-même tiré au sort (pour cela, ils peuvent additionner, soustraire, multiplier ou diviser chacun des 6 nombres. Chaque nombre ne peut être utilisé qu'une seule fois).

– **Exemple**
Avec D V R B L A E O U, on peut écrire « roue », « doubler » mais aussi « boulevard ».

Avec les chiffres 7 - 9 - 5 - 50 - 100, comment obtenir 357 ?

$\underline{9} - \underline{5} = 4 \times \underline{100} = 400$
$\underline{50} - \underline{7} = 43$
$400 - 43 = 357.$

18. *Réalisez un poème dadaïste en suivant les instructions de Tristan Tzara*

Le dadaïsme est un mouvement poétique contestataire et provocateur qui se développe à Zurich, puis à Paris après la Première Guerre mondiale.

Le dadaïsme est à l'origine du surréalisme.

POUR FAIRE UN POÈME DADAÏSTE

Prenez un journal.
Prenez des ciseaux.
Choisissez dans ce journal un article ayant la longueur que
vous comptez donner à votre poème.
Découpez l'article.
Découpez ensuite avec soin chacun des mots qui forment cet
article et mettez-les dans un sac.
Agitez doucement.
Sortez ensuite chaque coupure l'une après l'autre.
Copiez consciencieusement
dans l'ordre où elles ont quitté le sac.
Le poème vous ressemblera.
Et vous voilà un écrivain infiniment original
et d'une sensibilité charmante, encore qu'incomprise du
vulgaire.

Sept Manifestes Dada, Tristan TZARA © Éd. Flammarion

Leçon 2

❑ *Vocabulaire*

1. ***Les noms qui correspondent aux verbes. Pour chacune des phrases suivantes, rédigez un titre commençant par un nom.***

- On a volé un tableau de Van Gogh → *Vol d'un tableau de Van Gogh.*
- La fusée Ariane est partie dans l'espace.
- Le Président des États-Unis a reçu le Président français à la Maison-Blanche.
- Les députés ont modifié les lois sur la sécurité routière.
- Une autoroute va être construite entre Grenoble et Turin.
- Les quartiers sud de Lyon vont être transformés.

2. ***Le contraire des adjectifs. Le préfixe « in » ou « im »* (devant p, b, m) *peut servir à former le contraire de certains adjectifs. Les phrases suivantes opposent des personnes ou des choses. Complétez-les.***

- Il fait beau et chaud. Prenons un chapeau. Ce sera utile. Mais je crois qu'un imperméable nous sera ......
- La première partie de votre réponse est exacte. L'autre est ......
- Merci pour les nouvelles explications. Elles sont très précises. Celles que votre frère m'avait données étaient trop ......
- Michel a eu une blessure à la jambe. Il est capable de faire ses courses dans le quartier. Mais il est totalement ...... de venir avec nous faire une promenade en montagne.
- L'ancien directeur était toujours très poli avec nous. Le nouveau est quelquefois ......, surtout quand il se met en colère.

3. ***La compétence. Êtes-vous capable ou incapable de :***

- taper à la machine ?
- faire des petits travaux dans la maison ?
- utiliser un micro-ordinateur ?
- réparer votre voiture ?
- faire la cuisine ?
- faire des travaux de couture ?

Dans quels domaines êtes-vous très, un peu ou pas du tout compétent(e) ?

4. ***Mots à plusieurs sens. Voici des mots appartenant au vocabulaire de la radio et de la télévision. Ils apparaissent avec des sens différents dans les phrases suivantes. Découvrez ces sens et comparez avec les langues que vous connaissez.***

- **Chaîne**
  Une *chaîne* de télévision.
  Une *chaîne* de vélo.
  Le portail est fermé par une *chaîne* et un cadenas.
  Rémi travaille à la *chaîne* dans une usine.

- **Poste**
  Un *poste* de télévision.
  Un *poste* de police.
  Un bureau de *poste.*
  Mireille a trouvé un *poste* intéressant dans l'entreprise Frantexport.

- **Antenne**
  Une *antenne* de télévision.
  Les *antennes* d'un insecte.
  Cette organisation a des *antennes* dans plusieurs pays étrangers.

- **Bouton**
  Un *bouton* de poste de radio.
  Un *bouton* de chemise.
  Un *bouton* de fleur.
  Il a des *boutons* sur le visage.

- **Station**
  Une *station* de radio.
  Une *station* de métro.
  Une *station* de taxi.
  Une *station* spatiale.

- **Fil**
  Un *fil* de téléphone.
  Il recoud sa chemise déchirée avec du *fil.*
  J'ai perdu le *fil* de la conversation.
  Le bateau s'est détaché. Il part au *fil* de l'eau.

5. ***L'importance et la banalité. Complétez avec les adjectifs de la liste (plusieurs réponses sont possibles).***

important
capital
essentiel
insignifiant
principal
secondaire
original
banal
quotidien

- Quand il fait chaud, nous devons boire beaucoup d'eau. C'est ...... pour notre santé.
- Pierre n'a pas beaucoup d'imagination et il n'est pas très cultivé. Il ne peut parler que de choses ......
- Pour aller au bal masqué, elle s'est déguisée en cerisier. C'est un costume ......
- M. Durand est conseiller spécial du ministre des Finances. Il a un poste ......
- L'argent, le travail, la santé, la famille sont les problèmes ...... des gens.

6. ***Les qualités. Selon vous, quelles qualités doit avoir :***

un inspecteur de police ?
un professeur ?
un homme politique ?

Répondez en vous reportant au tableau ci-contre et complétez avec d'autres qualités.

• **être**	autoritaire – combatif compréhensif – courageux curieux – habile indulgent – intelligent logique – modeste observateur – patient prudent – rusé
• **avoir**	de l'humour de l'autorité de l'ambition la parole facile

Grammaire

7. ***Les participes passés. Dans chaque série, un verbe a un participe passé qui ne se termine pas comme ceux des autres verbes. Trouvez-le.***

- boire – voir – savoir – s'asseoir – vouloir
- finir – découvrir – choisir – partir – sortir
- apprendre – comprendre – surprendre – prendre – rendre
- dire – écrire – sourire – traduire – construire.

8. ***Le passé composé. Complétez avec le verbe « être » ou le verbe « avoir ».***

Nathalie : Tu as l'air en forme ! Qu'est-ce que tu ...... fait pendant le week-end de Pentecôte ? Tu ...... allée au bord de la mer ?

Françoise : Oui, à Palavas. Nous ...... trouvé un petit hôtel sympathique sur la plage et nous y ...... restés les trois jours.

Nathalie : Vous ...... visité la région ?

Françoise : Non, nous n'...... pas bougé. Nous nous ...... reposés. Pierre ...... passé ses journées à pêcher. Moi, je ...... restée sur la plage et j'...... lu. Nicolas ...... tout de suite trouvé des copains. Ils se ...... amusés à faire des châteaux de sable. Ils ...... organisé des jeux. J'...... été tranquille pendant trois jours.

9. ***L'accord du participe passé avec l'auxiliaire « être ». Trouvez le participe passé et accordez-le.***

Un dimanche raté.
« Dimanche dernier, avec les copains, impossible de se mettre d'accord pour faire quelque chose ensemble ! Finalement chacun est *(partir)* de son côté. Brigitte est *(rentrer)* chez elle pour réviser son examen. Laurent et Anne sont *(aller)* au cinéma. Valérie et Nathalie sont *(aller)* dans une discothèque. Jean-Jacques et Patrice sont *(rester)* au café. Quant à Hélène et moi, nous nous sommes *(asseoir)* sur un banc du jardin du Luxembourg et nous avons bavardé tout l'après-midi ».

10. ***L'accord du participe passé avec l'auxiliaire « avoir ». Trouvez le participe passé et accordez-le.***

- Vous avez *(rencontrer)* Michèle et Hervé récemment ?
  – Non, je ne les ai pas *(voir)* depuis six mois.
- Tu as *(écouter)* la conférence de Marie Sorin ?
  – J'ai *(suivre)* le début, mais je ne l'ai pas *(écouter)* jusqu'au bout. C'était trop ennuyeux.
- Vous avez *(avoir)* votre visa pour les États-Unis ?
  – Je ne comprends pas. Cette demande de visa, je l'ai *(envoyer)* depuis plus d'un mois. Je n'ai encore rien *(recevoir)*.

11. ***Passé composé ou imparfait. Réécrivez cette histoire étrange en commençant par « Il était trois heures... »***

Il est trois heures du matin. Mme Ledoux dort. Il fait chaud et la fenêtre de sa chambre est ouverte. Tout à coup, un homme entre par la fenêtre, traverse la chambre et va dans la cuisine. Dans le frigo, il y a un poulet, une salade de fruits et une bouteille de vin rosé. L'homme mange, boit, puis sort de la maison par la fenêtre de la chambre.

Quelques minutes après, Mme Ledoux se réveille. Elle a soif. Elle va dans la cuisine pour boire un verre d'eau et, surprise ! Sur la table, elle trouve un demi-poulet, une bouteille ouverte et un saladier vide. Et dans l'entrée, son sac n'est plus là. Elle téléphone alors à la police et raconte son histoire.

a) Imaginez le dialogue entre Mme Ledoux et l'inspecteur de police.

b) Imaginez la solution de cette histoire.

❑ Écrit

12. ***Que signifient ces titres de presse ? Pour chacun rédigez une phrase de télex en imaginant les circonstances.***

TRIOMPHE DE MIREILLE MATHIEU À L'OLYMPIA

AUTO CONTRE CAMION : 3 MORTS

CONFÉRENCE DES CHEFS D'ÉTAT EUROPÉENS À BRUXELLES

DISPARITION DE TROIS TABLEAUX DU MUSÉE DE NICE

POURSUITE DE LA GRÈVE DES INFIRMIÈRES

ARRIVÉE DU RALLYE PARIS-DAKAR

MATCH FRANCE-ALLEMAGNE. VICTOIRE DE L'ALLEMAGNE

Exemple : Devant une salle pleine et enthousiaste, la chanteuse Mireille Mathieu a donné hier un grand récital de nouvelles chansons. Son spectacle a été un triomphe.

13. ***En 1988, il y a eu beaucoup d'accidents d'avion.***

Lisez ces trois articles.
Pour chacun d'eux, trouvez :

- le lieu et la date de l'accident,
- le type d'appareil et le nombre de passagers,
- les causes de l'accident,
- les circonstances de l'accident,
- les dégâts provoqués par l'accident et le nombre des victimes.

Le givrage a terrassé le Fokker de la TAT

4 mars. Le bimoteur Fokker 27 à hélices de la TAT, venant de Nancy avec à son bord 19 passagers et trois membres d'équipage, qui devait atterrir à 8 h à Orly, s'est écrasé au sol entre Pamfou et Machau, au sud de Melun à 7 h 37, juste après que le pilote, Bernard André, 45 ans, qui comptait 10 050 heures de vol et volait à ce moment à 6 000 pieds (2 000 mètres), eut obtenu le feu vert pour la dernière descente. Il avait signalé le mauvais fonctionnement du système de dégivrage. Or, l'amoncellement de glace sur les hélices et les ailes alourdit un avion, en déforme le profil, en diminue les performances et peut provoquer un décrochage fatal. L'appareil a disparu de l'écran radar, à la tour de contrôle, en moins de trente secondes. Il n'y a pas de survivant. Une hôtesse de l'air stagiaire, Hélène Guilloux, qui devait participer au vol, a raté le départ, son réveil n'ayant pas fonctionné.

Le Boeing décapité parvient à se poser

28 avril. Un Boeing 737-200 de la compagnie Aloha a été secoué, en plein vol, par une explosion qui a arraché la partie supérieure du fuselage, éjectant un passager de son siège et faisant soixante blessés, dont deux sont dans un état critique. En outre, un des moteurs a pris feu. Mais le pilote est néanmoins parvenu à poser son appareil sur l'aérodrome d'Hawaï. L'origine de la déflagration n'est pas encore connue. Elle pourrait être due à un défaut de l'appareil.

L'Airbus A-320 en démonstration s'écrase

26 juin. Un Airbus A-320 flambant neuf d'Air France, qui effectuait un vol de démonstration au cours d'un meeting aérien à Habsheim, près de Mulhouse, n'a pas repris d'altitude après un passage à vingt mètres au-dessus de la piste. Il a heurté la cime des arbres et s'est écrasé au sol dans la forêt. L'accident encore inexpliqué a fait 4 morts et 98 blessés sur les 127 occupants. Les deux pilotes, Michel Hasseline et Pierre Mazières, qui sont indemnes, sont très expérimentés. Ce sont eux qui sont chargés de la formation de leurs collègues sur Airbus.

Chronique de l'année 1988 © Éd. Larousse

14. ***Rédigez le récit de cette aventure d'Achille Talon. Indiquez le déroulement des événements (au passé composé). Décrivez les circonstances, les lieux et les personnages (à l'imparfait).***

Fleurs
BANG! BANG!
BANQUE
?
BANG!
PAF!
VROM
VROMM
VRRRR
BANG
BANG
BANG
TACTAC
TACTAC
TACTAC!
PAN
BANG
BANG
BANG BANG
VROOOMM

Achille Talon méprise l'obstacle © Éd. Dargaud

❑ *Oral*

15. ***Habitudes et manies. Savez-vous que :***

- Victor Hugo écrivait debout et utilisait un pupitre comme table de travail.
- Balzac avait toujours près de son bureau une grande cafetière et en écrivant, il buvait des litres de café.
- Le philosophe allemand Emmanuel Kant était un maniaque de la ponctualité. Il sortait tous les jours de chez lui à la même heure et les habitants de Königsberg pouvaient régler leur montre sur son passage.
- Le roi de France Louis XVI passait une grande partie de son temps à fabriquer des serrures.

Connaissez-vous d'autres personnages ayant des habitudes ou des manies particulières ?
Quelles sont vos manies originales ?

16. ***Quelles sont les inventions des XIXe et XXe siècles qui ont le plus changé les habitudes des gens ?***

Le téléphone ?

La télévision ?

L'informatique ?

Les appareils ménagers ?

Imaginez l'époque où ces appareils n'existaient pas.

Compléments

17. *Mots croisés.*

	1	2	3	4	5	6	7
A							
B							
C				■		■	
D							■
E		■					■
F					■		
G							
H		■					
I							

- **Horizontalement**

A – La pièce où on prépare les repas.
B – On se bat contre eux dans une guerre.
C – On lui raconte une histoire amusante. Il ......
D – Trois foix dix.
E – Elles sont moins larges que les boulevards.
F – Opinion. Pensée – Pronom réfléchi.
G – Pronom possessif – Préposition.
H – Volaille.
I – Repos après le repas de midi (au pluriel).

- **Verticalement**

1 – Sûres.
2 – Relier – Note.
3 – Quand la chose est intéressante, on est ......
4 – Pronom réfléchi – Déshabillée.
5 – Il fait la même chose – Récipient.
6 – Négation – Il s'efforce de faire quelque chose.
7 – En face de l'ouest – Grandes périodes de temps.

18. *Charades.*

a. Mon premier est le cinquième mois de l'année.
Mon deuxième parle.
On cultive des légumes et des fleurs dans mon troisième.
Mon quatrième va du 1er janvier au 31 décembre.
Mon tout est une mer.

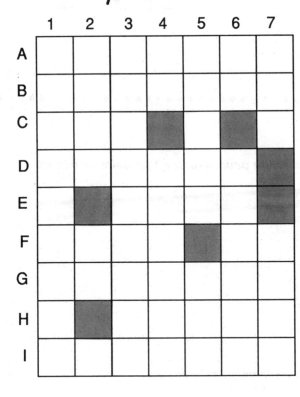

b. Mon premier est utile pour les touristes.
Mon deuxième se trouve dans le dictionnaire.
Mon troisième passe dans la rue.
Mon tout est un écrivain français du XIXe siècle.

Réponses
a. Méditerranée
(Mai + dit + terre + année)
b. Guy de Maupassant
(Guide + mot + passant)

Leçon 3

❑ Vocabulaire

1. ***Les verbes de mouvement. Dites ce qu'ils vont faire pour revenir à leur point de départ.***

- Marie est entrée dans le bureau de poste → Elle va <u>ressortir</u> dans 5 minutes.
- Pierre est monté en haut de la tour Eiffel → Il . . . . . .
- Françoise est partie en ville → . . . . . .
- Michel est allé au bureau → . . . . . .
- Jacques a emporté mes disques de jazz → . . . . . .
- Valérie a emmené notre fils au zoo → . . . . . .

2. ***Classez les verbes soulignés dans le tableau en fonction de leur sens.***

- Il est allé en Grèce l'an dernier. Il y <u>retournera</u> cette année en juillet.
- Je suis venu dans cette ville pour la première fois en 1986. Depuis, j'y suis <u>revenu</u> deux fois.
- Hier, nous avons fait une promenade en montagne. Nous sommes partis à 7 h. Nous nous sommes arrêtés à 10 h pour nous reposer. Nous sommes <u>repartis</u> vers le sommet à 11 h. Nous sommes <u>redescendus</u> vers 4 h de l'après-midi.
- La semaine dernière j'ai prêté à Michel *Les Misérables* de Victor Hugo. Il doit me <u>rapporter</u> ce livre demain.
- L'an dernier, pour mon anniversaire, tu as apporté de très bons disques de rock. Est-ce que tu peux les <u>rapporter</u> cette année ?

Idée de répétition de l'action	Idée de retour au point de départ
. . . .	. . . .
. . . .	. . . .
. . . .	. . . .

3. ***Formation d'un nom à partir d'un adjectif. Donnez le nom correspondant à l'adjectif souligné.***

- Il fait <u>chaud</u> aujourd'hui. La [chaleur] est insupportable.
- Le temps est <u>humide</u>. Il y a de l'. . . . . . dans l'air.
- Cet écrivain a un style très <u>lourd</u>. La . . . . . . de son style me gêne.
- Il commence à faire <u>frais</u>. On sent la . . . . . . de l'air à la tombée de la nuit.

- Le climat de ces montagnes est très dur. Il faut supporter la . . . . . . de ce climat.
- Il n'a pas plu depuis trois mois. Tout est sec. La . . . . . . n'est pas bonne pour les cultures.
- Il fait doux. J'apprécie la . . . . . . de l'air.

4. ***Les animaux. Complétez la grille par des noms d'animaux sauvages.***

Vous pourrez ensuite lire verticalement dans les cases grises le nom d'une célèbre actrice française qui se consacre à la défense des animaux.

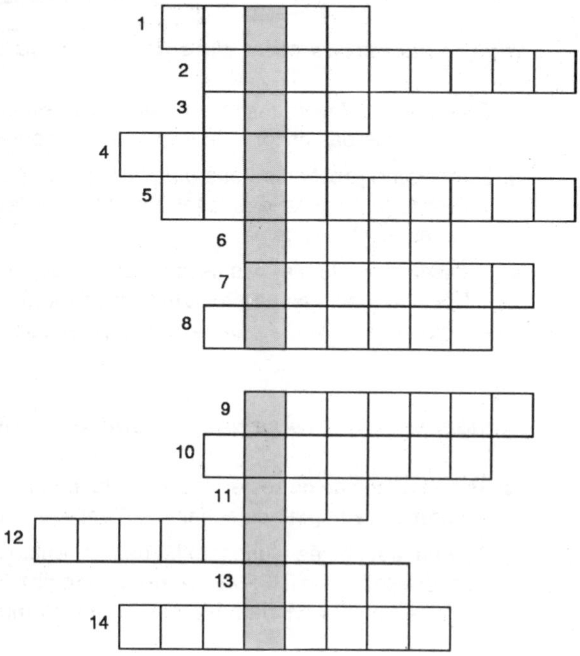

1 – On le trouve en Afrique. Il ressemble à un cheval. Il a le pelage rayé.
2 – Il vit dans les marécages. Il est très dangereux. On utilise sa peau pour faire des sacs, des portefeuilles, etc.
3 – C'est le roi des animaux. Il représente la force et la noblesse.
4 – C'est l'animal qui ressemble le plus à l'homme.
5 – Gros animal en voie de disparition. Il a une corne sur le nez.
6 – Il est de la même famille que le lion. Son pelage est rayé.
7 – Le mâle de la vache. A l'état sauvage.
8 – Animal allongé. Sa morsure peut être dangereuse.
9 – Le plus gros animal qui vit dans les océans.
10 – Elle vit en Afrique ou en Asie. Elle est légère et rapide. C'est la proie des lions et des tigres.
11 – Petit animal à longue queue qu'on trouve parfois dans les maisons. Il se reproduit très vite. Le chat est son ennemi.
12 – Animal carnivore à tête triangulaire et à queue épaisse. On dit qu'il est rusé. Il saigne les poules.
13 – Gros animal au pelage épais qu'on trouve dans les pays froids. Les petits enfants s'endorment avec lui.
14 – Elle vit en Afrique ou en Asie. Elle est de la famille des lions et des tigres. Son pelage est tacheté.

5. ***Les animaux et les expressions familières.***

a) Les comparaisons. Existe-t-il un équivalent des expressions suivantes dans votre langue ?

- Il est rusé comme un renard.
- J'ai une faim de loup.
- C'est l'hiver. Il fait un froid de canard.
- Il est resté muet comme une carpe.
- Il est malin comme un singe.
- Elle a été malade comme un chien.

b) Les expressions imagées. Trouvez le sens des expressions suivantes.

- Jean-Pierre avait rendez-vous avec Mireille. Mais elle lui a posé un lapin.
- Allons ! Du courage ! Ce travail ne vous plaît pas. Il faut prendre le taureau par les cornes.
- Non, je ne peux pas m'occuper de ça. J'ai d'autres chats à fouetter.
- Faites attention à lui ! C'est un drôle de zèbre !
- Quand je lui ai parlé de Michèle, il a rougi. Ça m'a mis la puce à l'oreille.

❑ Grammaire

6. *Mettez les verbes entre parenthèses au futur.*

- Est-ce que tu *(avoir)* tes congés au mois de juillet ou au mois d'août ?
  – Je ne sais pas encore. Je le *(savoir)* la semaine prochaine.
- La semaine prochaine nous *(aller)* voir Renaud à Bercy.
  – Prends tes places le plus tôt possible. Il y *(avoir)* beaucoup de monde.
  – Je les *(prendre)* demain.
- Excusez-moi ! Je n'ai pas assez d'argent sur moi. Je vous fais un chèque ?
  – Non. Ce n'est pas un problème. Vous me *(payer)* la prochaine fois.
  – Comme vous voulez. Dans ce cas je *(passer)* vous apporter l'argent demain.

7. *Imaginez ce qui va se passer. Utilisez le plus possible de verbes au futur.*

- Patrick a décidé de rester seul chez lui ce dimanche pour se reposer. Il est 11 h du matin. Il vient juste de prendre son petit déjeuner. On frappe à la porte...
- Myriam est l'aînée d'une famille de sept enfants. Son père est ouvrier dans une petite ville de province et gagne tout juste le SMIG (salaire minimum). Sa mère ne travaille pas. Elle doit s'occuper de ses frères et de ses sœurs. Myriam n'a pas trouvé d'emploi dans cette ville. Elle décide alors d'aller à Paris...

8. *L'expression de la cause. Rédigez une phrase à partir de chacun de ces titres de presse en utilisant le verbe ou l'expression entre parenthèses.*

COLLISION ENTRE UN CAMION ET UNE VOITURE
MORT DE TROIS PERSONNES *(provoquer)*

DÉPART EN VACANCES
EMBOUTEILLAGES SUR LES ROUTES *(entraîner)*

FÊTES DU 14 JUILLET
CIRCULATION INTERDITE SUR L'AVENUE DES CHAMPS-ÉLYSÉES *(en raison de...)*

RÉFORME DE L'UNIVERSITÉ
LES ÉTUDIANTS EN GRÈVE *(à cause de...)*

CONSERVES AVARIÉES
INTOXICATIONS ALIMENTAIRES AU RESTAURANT « VATEL » *(être dû à)*

9. ***Les phrases complétives. Transformez ces phrases comme dans l'exemple. (Attention ! la transformation n'est pas toujours possible.)***

Exemple : Cette année, je pense que j'irai en vacances en Corse.
→ Cette année, je pense aller en vacances en Corse.

- Nous espérons que nous arriverons à l'heure.
- Elle pense qu'elle se mariera au mois de juin.
- Il croit qu'il pourra venir passer le week-end avec nous.
- Vous êtes sûrs que vous avez assez d'argent ?
- Je suis sûre que vous réussirez à votre examen.
- Je crois que j'ai mal agi.

10. ***Complétez avec « peu de » ou « un peu de ».***

- Cette région d'Afrique est pauvre. Il y a . . . . . . rivières et il ne pleut pas souvent. Les paysans ne peuvent pas faire beaucoup de cultures. . . . . . . de sorgho, ... de millet, c'est tout.
- Je voudrais vous voir. Pouvez-vous m'accorder . . . . . . votre temps ? Est-ce possible aujourd'hui ?
  – Excusez-moi ! Je préfère qu'on se voie demain. J'ai trop . . . . . . temps aujourd'hui.
- Je crois que je ne vais pas continuer cette promenade. J'ai trop . . . . . . courage.
  – Allons ! . . . . . . volonté ! Nous sommes presque arrivés.

❑ Écrit

11. ***Jeux d'écriture surréaliste.***

a) Pliez une feuille de papier en deux. Sur la première moitié, écrivez dix questions commençant par « Pourquoi... »

Exemple : *Pourquoi la lumière s'est éteinte ?*
Sur l'autre moitié (ce que vous avez écrit étant caché) faites écrire à votre voisin(e) dix phrases commençant par « Parce que... »

Exemple : *Parce que le chat a mangé la souris.*
Dépliez la feuille de papier. Lisez et commentez les associations insolites de questions et de réponses.
b) Procédez de la même manière. Sur la première moitié de la feuille, écrivez dix groupes de mots ayant pour structure :

Nom formé d'après un verbe + complément de nom

Exemple : *la destruction des forêts – l'augmentation des prix.*
Sur l'autre moitié, faites écrire à votre voisin(e) dix groupes de même structure. Dépliez la feuille et reliez les groupes de mots par l'expression « être dû à... »

Exemple : *la fin du monde est due au départ de mon frère.*
Commentez les phrases produites.

12. ***Lisez ce programme de safari au Kenya.***

a) Relevez : les paysages traversés – les villes visitées – les animaux qu'on peut rencontrer.

b) Le 9ᵉ jour de votre voyage vous envoyez une carte postale à des amis. Vous leur racontez ce que vous avez fait et ce que vous allez faire les jours suivants. Rédigez cette carte postale.

Vue de Nairobi

Guerrier Masaï

Grandes réserves et parcs
Pays Masaï

ITINÉRAIRE

1ᵉʳ jour : Paris/Nairobi par avion.

2ᵉ jour : Nairobi. Arrivée à Nairobi en début de matinée. Accueil et transfert à l'hôtel. L'après-midi, découverte de la capitale kenyane avec guide local : une ville à l'ambiance toute britannique, larges avenues, grands parcs, anciennes demeures victoriennes. Visite du musée.

3ᵉ jour : Nairobi/Mont Kenya. Départ en mini-bus en direction du Mont Kenya, au nord de Nairobi. Dans l'après-midi, on aborde les contreforts boisés du Mont Kenya (végétation luxuriante) dont le sommet est couvert de neiges éternelles. Transfert au lodge. Vous pourrez voir les animaux qui viennent se désaltérer au point d'eau à la tombée de la nuit depuis de véritables observatoires construits dans les arbres.

4ᵉ jour : Mont Kenya/Samburu. Départ pour la réserve de Samburu au paysage très différent, plutôt aride (véritable forêt d'épineux). On emprunte une route pittoresque qui longe le Mont Kenya, traverse l'Équateur et se termine par une piste. L'après-midi, visite de la réserve. Vous irez à la recherche des girafes réticulées, des zèbres de Grévy (espèces rares que l'on rencontre uniquement dans ce parc). Nuit au lodge.

5ᵉ jour : Samburu/Thomson Falls/Nakuru. Départ pour le lac Nakuru. En cours de route arrêt aux chutes Thomson (2 600 m). Installation au lodge du lac Nakuru. L'après-midi, safari autour du lac.

6ᵉ jour : Nakuru/Masaï Mara. Départ pour la réserve de Masaï Mara qui se situe en prolongement du célèbre parc de Serengeti en Tanzanie. Vous aborderez la Rift Valley puis les dernières heures de piste se dérouleront au cœur même de la réserve. L'après-midi, première visite de la réserve : c'est la plus riche en animaux de tout le Kenya (lions, girafes, waterbucks, éléphants). Nuit au lodge.

7ᵉ jour : Masaï Mara. Journée complète de safari. C'est dans cette région du Kenya que se font les grandes migrations.

8ᵉ jour : Masaï Mara/Naivasha. Départ pour le lac Naivasha. L'après-midi, excursion optionnelle à Crescent Island, sanctuaire d'oiseaux situé au milieu du lac où l'on a dénombré 246 espèces. Nuit au lodge.

9ᵉ jour : Naivasha/Amboseli. Départ pour la réserve d'Amboseli tôt le matin. La réserve est dominée par le Mont Kilimandjaro situé en Tanzanie (la plus haute montagne d'Afrique : 5 963 m). L'après-midi est consacré au safari dans la réserve. Nuit au lodge.

10ᵉ jour : Amboseli/Tsavo-Ouest. On emprunte la piste pour se rendre jusqu'au Parc de Tsavo-Ouest, à travers la brousse et les coulées de lave. L'après-midi, visite des sources de Mzima où se baignent hippopotames et crocodiles. Nuit au lodge.

11ᵉ jour : Tsavo-Ouest/Mombasa. Très tôt le matin, safari à la rencontre des impalas et des éléphants. Puis route vers Mombasa, que l'on visite l'après-midi : la vieille ville, le Fort-Jésus, le temple hindou, le marché. Arrêt aux ateliers de sculpteurs sur bois.

12ᵉ jour : Mombasa/Nairobi/Paris. Journée libre pour baignades ou excursion optionnelle (en bateau à fond de verre sur le banc de corail). Dans l'après-midi transfert à l'aéroport et envol pour Nairobi. Correspondance pour Paris.

13ᵉ jour : Arrivée à Paris dans la matinée.

13. *Présentez votre ville à un ami français.*

Un ami français a l'intention de venir passer un an dans votre ville. Il vous interroge sur les possibilités de distractions (cinéma, théâtre, musée, etc.). Rédigez la réponse en utilisant des mots de quantité (peu de..., beaucoup de..., pas assez de..., trop de..., etc.).

« Ici il y a beaucoup de... Tu trouveras peu de... ».

14. *Lisez cet article et répondez aux questions.*

Le dernier «fossile vivant» menacé

Le cœlacanthe, le plus vieux poisson du monde va disparaître à jamais

Les pêcheurs comoriens lui livrent une chasse sans merci dans l'océan Indien. Il n'a pas évolué depuis 250 millions d'années

■ Cri d'alarme pour le survivant du fond des âges : le cœlacanthe, le plus vieux poisson du monde avec ses 250 millions de bougies bien comptées, risque de s'éteindre à jamais, victime de la chasse intensive que lui livrent les pêcheurs comoriens.

Sur toute la planète, on ne rencontre *« Latimeria chalumnæ »* que vers Grande Comore, dans les eaux tièdes de l'océan Indien. Là, entre deux prises plus traditionnelles, les pêcheurs laissent filer leurs lignes jusque vers 200 mètres de fond. Au cas où un cœlacanthe, l'un de ces *« fossiles vivants »* que les scientifiques sont prêts à acheter rubis sur l'ongle, rôderait dans les parages. Une patience qui paie : bon an mal an, les Comoriens remontent sur leurs pirogues trois à quatre de ces énormes poissons ventrus.

Et depuis le 23 décembre 1938, date de sa *« découverte »* officielle, on pense que plus de deux cents spécimens ont été sortis de l'eau, sacrifiés pour la juste cause de la science. En reste-t-il beaucoup ?

On ignore tout de lui

Non, s'écrient les scientifiques du British Museum, qui dans la revue scientifique *Nature* plaident pour la fin du massacre. Selon eux, le poisson, souvent baptisé fossile vivant car on le croyait éteint depuis 80 millions d'années, risque de disparaître pour de bon de la surface de la planète.

Surtout en raison de l'intensification et de la modernisation de la pêche ces dernières années : canots à moteur, expéditions totalement *« dédiées »* aux cœlacanthes ont fait progresser les prises de façon significative.

L'inquiétude des scientifiques est grande, car malgré les prises, on ne sait rien ou presque de ce poisson pratiquement impossible à observer vivant

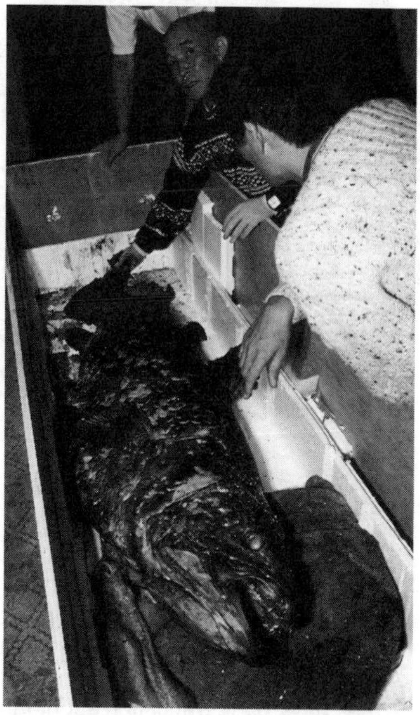

Midi Libre, 30 décembre 1988

Notes :

250 millions de bougies : 250 millions d'années.
acheter rubis sur l'ongle : acheter et payer immédiatement sans demander de crédit.
rôder : se promener au hasard.

a) **Cherchez dans cet article tous les renseignements que vous pouvez trouver sur le cœlacanthe.**

b) **Pourquoi ce poisson risque-t-il de disparaître ?**

c) **Connaissez-vous d'autres animaux en voie de disparition ? Pourquoi disparaissent-ils ?**

❑ *Oral*

15. ***Imaginez des explications.***

Savez-vous pourquoi...

- dans beaucoup de pays, on se serre la main quand on se rencontre ?
- on chante ou on siffle quand on prend une douche ?
- les femmes pleurent plus souvent que les hommes ?
- les Chinois mangent avec des baguettes ?
- les hommes sont plus agressifs quand ils sont dans leur voiture ?

❑ *Compléments*

16. ***Les pays francophones.***

- **Pouvez-vous citer...**

– des régions du monde qui font actuellement partie du territoire français ?
– des pays où le français est la langue maternelle d'une partie de la population ?
– des pays où le français n'est pas langue maternelle mais langue officielle ?
– des pays où le français n'est ni langue maternelle ni langue officielle mais où il est très employé ?

- **Voici quelques raisons historiques à l'introduction de la langue française dans ces pays. Pouvez-vous chaque fois donner des exemples ?**

– en raison de sa proximité géographique l'Histoire de ce pays a longtemps été liée à celle de la France (ou de régions de France).
Exemple : la Belgique...
– l'influence française date des Croisades,
– les premiers Français y sont arrivés à l'époque des grandes explorations (XVIe siècle),
– ce pays a fait partie de l'empire colonial français (XIXe siècle et début du XXe),
– ce pays n'a jamais été occupé militairement par la France mais il a longtemps eu des relations politiques et culturelles privilégiées avec la France.

AFRIQUE ET PROCHE-ORIENT

1. Algérie
2. Bénin
3. Burkina Faso
4. Burundi
5. Cameroun
6. Cap-Vert
7. Centrafricaine (République)
8. Comores (îles)
9. Congo
10. Côte d'Ivoire
11. Djibouti
12. Egypte
13. Gabon
14. Guinée
15. Guinée-Bissau
16. Guinée Equatoriale
17. Liban
18. Madagascar
19. Mali
20. Maroc
21. Maurice (île)
22. Mauritanie
23. Mayotte
24. Niger
25. Rwanda
26. Sénégal
27. Tchad
28. Togo
29. Tunisie
30. Zaïre

AMERIQUE

31. Antilles (les) françaises
32. Canada
33. Québec
34. Nouveau-Brunswick
35. Dominique
36. Guyane française
37. Haïti
38. Sainte-Lucie
39. Saint-Pierre-et-Miquelon

ASIE ET OCEANIE

40. Laos
41. Nouvelle-Calédonie et dépendances
42. Polynésie
43. Pondichéry
44. Réunion (île de la)
45. Seychelles (îles)
46. Cambodge
47. Vanuatu
48. Viet-Nam
49. Wallis et Futuna (îles)

EUROPE

50. Belgique
51. France
52. Luxembourg
53. Monaco
54. Suisse

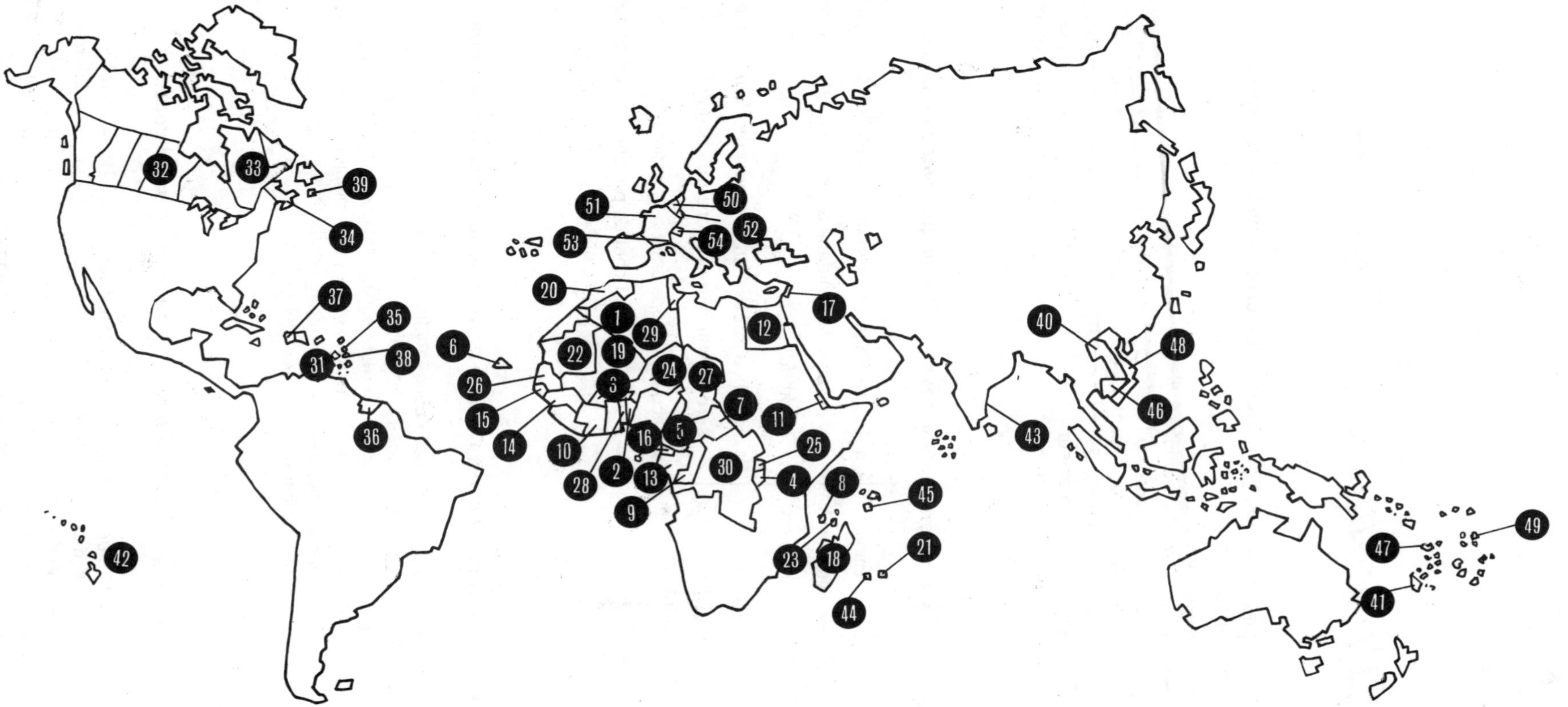

Leçon 4

❑ *Vocabulaire*

1. ***Les rémunérations. Reliez les professions et les rémunérations.* (Il peut y avoir plusieurs possibilités.)**

- un ouvrier, un employé
- un fonctionnaire de l'État
- un médecin, un avocat
- un garçon de café
- un artiste, un acteur

- des honoraires
- un salaire
- un cachet
- un traitement
- une indemnité
- un pourboire

2. ***Les synonymes de « travail ». Complétez avec l'un des mots de la liste.***

une fonction
une situation
un poste
une profession
un boulot
un travail

- Pierre n'a jamais terminé ses études. Il n'a pas de ...... Il cherche un ...... fixe. Mais avec le chômage actuel, ce n'est pas facile. Pour vivre, il fait des petits ...... ici ou là.
- Florence a réussi au concours de l'ENA (École nationale d'Administration). Elle est sûre d'avoir plus tard une très bonne ......
- Jacques occupe un ...... important dans une grande entreprise. Il a de nombreuses ...... Il est chef de projets, conseiller du président de la société, membre de plusieurs conseils d'administration, etc.

3. ***Les catastrophes. Chaque phrase parle d'une catastrophe. Identifiez-la.***

a) Il y a 2 mètres d'eau dans la ville.
b) Le bateau s'est brisé contre un rocher.
c) De la magnifique forêt, il reste seulement quelques troncs noircis.
d) On a retrouvé des morceaux de l'avion sur plusieurs dizaines de mètres.
e) Le village a été recouvert par un fleuve de lave.
f) Tout un quartier de la ville est détruit.

4. ***Les membres de la famille. Comment appelez-vous...***

- la fille de votre fille ? ... *ma petite-fille*
- le fils de votre sœur ? ...
- la fille de votre oncle ? ...
- le mari de votre sœur ? ...
- le père de votre conjoint (mari ou femme) ? ...
- le mari de votre fille ? ...
- la femme de votre fils ? ...
- la sœur de votre père ? ...
- le fils de votre fille ? ...

5. *Les homonymes. Certains mots ont un sens différent selon qu'ils sont masculins ou féminins. Complétez avec l'article qui convient : un/une – le/la.*

- **Tour**

Tous les jours après le déjeuner, il va faire ...... tour dans le parc.

Au milieu de la ville, on peut voir ...... tour du XVe siècle.

- **Livre**

En Angleterre, j'ai acheté ...... livre d'occasion. Je l'ai payé ...... livre et demie.

- **Poste**

Je voudrais envoyer cette lettre. Savez-vous où se trouve ...... poste.

Il occupe ...... poste de chef du personnel.

- **Mode**

Elle s'habille toujours à ...... dernière mode.

Ces gens ont ...... mode de vie assez particulier.

- **Politique**

Le Président est ...... fin politique. Il se consacre surtout à ...... politique étrangère.

6. *Jeu des transformations.*

On dit que l'*homme* descend du *singe*. Montrez-le. Sur chaque ligne transformez le mot qui précède en changeant une seule lettre. Aidez-vous des définitions.

S I N G E

_ _ _ _ _ • rêve

_ _ _ _ _ • instrument d'exploration

_ _ _ _ _ • l'ensemble des pays

_ _ _ _ _ • le contraire de « descend »

_ _ _ _ _ • histoire pour les enfants

_ _ _ _ _ • titre de noblesse

_ _ _ _ _ • pour comparer

H O M M E

Grammaire

7. Verbes utilisant la préposition « à ». Rédigez en clair ces extraits de télégrammes :

- AVONS EXPÉDIÉ PAPETERIE LEGRAND 1 000 CAHIERS GRAND FORMAT
- AI RÉPONDU 25 AVRIL VOTRE LETTRE 20 AVRIL
- AVONS ÉCRIT DEUX FOIS SERVICE DES STOCKS
- AI PRÉSENTÉ NOUVEAU MODÈLE CONCESSIONNAIRES ITALIENS
- AI PROMIS M. DUPUIS TRENTE POUR CENT RÉDUCTION

8. Le verbe « plaire ». Reformulez selon le modèle.

Elle aime beaucoup ce livre → Ce livre lui plaît.

J'aime cette ambiance → ......

Je crois que Mireille m'aime bien → ......

Je sais que tu aimes bien François → ......

Vous aimez les films de Godard ? → ......

9. Les pronoms personnels. Imaginez ce que représentent les pronoms soulignés.

Je les ai écoutés toute la soirée → des disques, des amis, des oiseaux.

Il l'a réussi du premier coup → ......

Je leur ai interdit d'entrer → ......

Je l'ai beaucoup regrettée → ......

Il les a prises sans demander la permission → ......

Je l'ai remplacée hier après-midi → ......

Il m'a demandé mon adresse → ......

10. La cohérence du texte. Dans le texte suivant :

– soulignez tous les mots qui représentent Julien,
– encadrez les mots qui représentent Martine,
– entourez les mots qui représentent la mère de Martine.

Hier après-midi, Julien a rencontré Martine, une ancienne camarade de classe. Elle était avec sa mère. Il n'avait pas vu la jeune fille depuis longtemps, mais il l'a tout de suite reconnue. Elle n'avait pas changé. Julien a hésité un moment pour se décider à lui parler et c'est Martine qui, la première, a fait signe au jeune homme. Il s'est approché et elle l'a présenté à sa mère. La dame lui a dit qu'elle avait entendu parler de lui et qu'elle était ravie de le rencontrer. Alors, il leur a proposé d'aller continuer la conversation à la terrasse d'un café. Mais les deux femmes étaient pressées. Martine lui a quand même donné son numéro de téléphone et sa mère lui a demandé de venir bientôt les voir.

11. *L'accord du participe passé. Accordez les participes passés.*

Un policier interroge une femme qui a été témoin d'un enlèvement.

Le policier : Vous avez (assisté) à l'enlèvement ?

La dame : Oui, j'ai tout (vu). Une grosse voiture s'est (arrêté) à quelques mètres de moi. A l'intérieur, il y avait deux hommes et une femme. Les deux hommes n'ont pas (bougé). C'est la femme qui est (sorti). Elle était (armé). Elle a pris par le bras une femme qui marchait sur le trottoir et elle l'a (menacé) de son arme... Il y avait deux agents de police un peu plus loin au carrefour. Je les ai (appelé) mais ils ne m'ont pas (entendu).

Le policier : Vous avez (remarqué) les visages de ces ravisseurs ?

La dame : Je ne les ai pas (vu). Ils étaient tous (masqué) et ça s'est (passé) très vite.

Le policier : Et l'immatriculation de la voiture ?

La dame : Je l'ai (noté). La voici.

❑ Écrit

12. *Analysez en détail les conséquences de ces catastrophes. Faites le récit d'une catastrophe dont vous avez été témoin ou dont vous avez entendu parler.*

Le martyre de l'Arménie

Plus de 30 000 morts dans le séisme qui a frappé l'URSS

Mikhaïl Gorbatchev se rendra aujourd'hui dans les régions ravagées par le tremblement de terre.
Une ville de 50 000 habitants est détruite, deux autres très endommagées. Le bilan définitif des victimes pourrait s'élever encore considérablement.

Les deux villes les plus touchées sont Leninakan et surtout Spitak, proches de l'épicentre, mais d'autres cités, comme Kirovakan, et les districts montagneux avoisinants de Stepanavan, Amassis, Gougarsk, ont également subi de graves dégâts matériels.

Selon les correspondants de presse soviétiques, Spitak a été entièrement rasée, ce n'est plus qu'un amas de décombres où les secours ont beaucoup de mal à pénétrer, de profondes crevasses barrant toutes les routes d'accès.

A Leninakan, 300 000 habitants, la seconde ville du pays, *« tous les immeubles de plus de neuf étages ont été pratiquement détruits »*, écrivait hier la *Komsomolskaïa Pravda*. *« Ceux de cinq étages ont sérieusement souffert, seules sont restées debout les maisons individuelles d'un étage et les constructions anciennes de faible hauteur. »*

Le tremblement de terre a provoqué de nombreux incendies, *« rapidement maîtrisés »*, dit un colonel des sapeurs-pompiers, qui précise que ses hommes ont dû intervenir *« au complexe touristique, dans des hôtels et des dépôts de pétrole et au combinat textile »*, qui venait de s'effondrer au moment précis de la relève des équipes. Des quartiers récents, dont les immeubles dépassaient souvent dix étages, se sont écroulés *« comme des châteaux de cartes »*.

Le Figaro, 9 décembre 1988

Bangladesh : après les pluies, l'épidémie de choléra !

Plus d'un millier de morts, des centaines de disparus, vingt-huit millions de sans-abri et la quasi totalité de l'activité économique paralysée, tel est le premier bilan des gigantesques inondations qui ont frappé le Bangladesh. Si les eaux ont enfin commencé à baisser cette semaine, et l'aide internationale à affluer, c'est le spectre des épidémies qui menace l'un des pays les plus pauvres du monde.

Le Figaro Magazine, 17 septembre 1988

13. ***Vous avez besoin d'engager quelqu'un. Rédigez une lettre de proposition. Imitez la lettre de Joseph Vernet. Nouveau Sans Frontières 2 – Livre de l'élève, page (32)***

a) Vous êtes metteur en scène. Vous écrivez à une actrice (ou un acteur) célèbre pour lui proposer un rôle dans votre prochain film. Dans cette lettre :

– vous vantez les qualités et les mérites de l'actrice (ou l'acteur),
– vous lui proposez le rôle,
– vous lui montrez que le rôle est fait pour elle (ou pour lui),
– vous vantez les qualités du scénario,
– vous lui laissez espérer un cachet important.

b) Vous exploitez une ferme (ou vous êtes directeur d'une entreprise). Vous écrivez à un ami au chômage pour lui proposer un travail intéressant.

14. ***Quel est l'objet de ces faire-part ? Répondez à l'un d'entre eux.***

Catherine et Thierry SIGAL
et Bénédicte

ont la joie de vous annoncer la naissance de
Jean-Baptiste

le 25 janvier 1989

Madame Louise DURAND,

M. et Mme Jacques DURAND,
M. et Mme André BERGAUD,
enfants, parents et alliés
ont la douleur de vous faire part du décès de
François DURAND

survenu à l'âge de 95 ans

Les obsèques auront lieu au cimetière du Montparnasse le 27 janvier à 16h 30

M. et Mme Paul Tournaire,
M. et Mme Jean Bonnet

ont l'honneur de vous faire part du mariage de leurs enfants,

PERRINE ET DANIEL

La bénédiction nuptiale leur sera donnée le samedi 28 janvier à 11 heures en l'église de la Madeleine

❑ Oral

15. ***Cérémonies civiles et religieuses. Célébrations publiques ou privées.***

- Observez ces photos. De quelle cérémonie ou célébration s'agit-il ?
- Énumérez cinq occasions d'avoir :
  - une cérémonie nationale,
  - une cérémonie religieuse,
  - une célébration privée (familiale, professionnelle, entre amis).
- La façon de célébrer un événement (baptême, mariage, succès à un examen, promotion professionnelle) a-t-elle changé selon les époques ?

❑ Compléments

16. *Ils ont parlé du mariage... Qu'en pensez-vous ?*

« Dans tous les cas, mariez-vous ! Si vous tombez sur une bonne épouse vous serez bien, et si vous tombez sur une mauvaise, vous deviendrez philosophe, ce qui est excellent pour l'homme. »

SOCRATE

« On s'étudie trois semaines, on s'aime trois mois, on se dispute trois ans, on se tolère trente ans et les enfants recommencent. »

Hippolyte TAINE

« A notre époque, on ne se marie jamais très bien du premier coup. Il faut s'y reprendre. »

Alfred CAPUS

« Le mariage est une loterie. »

Ben JONSON

17. *Histoires pour rire.*

- Un vieux célibataire entre dans une agence matrimoniale.
  – Je cherche une femme belle, intelligente, aimante. Elle doit pouvoir me distraire, me raconter des histoires, savoir jouer du piano et chanter. Je veux qu'elle reste toujours près de moi. Mais attention, quand je suis fatigué, elle doit savoir se taire et me laisser tranquille.
  – Je sais exactement ce qu'il vous faut, Monsieur. C'est une télévision.
- Un joueur de golf frappe très fort sa balle. Elle traverse tout le terrain, arrive dans l'œil d'un chauffeur de camion qui passe sur la route. Le chauffeur pousse un cri. Son camion heurte un passage à niveau. Le train qui arrive, déraille et va s'écraser sur un terrain de camping. Bilan : 327 morts.
  – Qu'est-ce que vous allez faire ?, demande quelqu'un au joueur de golf.
  – Je crois qu'au prochain coup, je vais tenir mon club plus serré entre le pouce et l'index.

18. *Les célébrités. Lisez cette bande dessinée de Claire Brétécher.*

a) Réécrivez : le dialogue entre le personnage barbu et le garçon,
le monologue intérieur (les pensées) du personnage assis,
le dialogue entre le personnage assis et le garçon.

b) De qui se moque Claire Brétécher ?

Notes :

mec : terme familier pour « homme »

Italiques – Le Grand Échiquier : émissions de télévision où sont invités des écrivains et des artistes célèbres.

LA TÉLÉ

Les Frustrés, Claire Brétécher

Leçon 5

Vocabulaire

1. *Mensonge et vérité. Complétez avec le vocabulaire.*

• Pierre nous a dit qu'il ne pouvait pas venir avec nous samedi soir parce qu'il avait du travail. C'était ...... Quelqu'un l'a vu le même soir devant un cinéma du boulevard Saint-Michel. Pierre nous	cacher découvrir deviner mentir vrai exact faux
• Tu sais qui est le nouveau petit ami de Valérie ? – Non. – ......! – Je ne sais pas. C'est peut-être Jean-Marie. – C'est ...... Tu as trouvé.	

• Dès qu'elle rentre de l'université, Claire s'enferme dans sa chambre. Elle dit qu'elle travaille, mais je sais qu'elle nous ...... quelque chose. J'ai ...... ce qu'elle fait. Elle écrit un roman.

2. *Caractérisez par un mot les situations suivantes. Dites s'il s'agit d'un mot d'esprit, de moquerie ou d'une blague.*

a) Chantal vient d'acheter une robe un peu excentrique.
« Superbe ta robe ! », lui dit son mari. « C'est pour un bal costumé ? »

b) Une très jolie jeune femme dit à un écrivain célèbre mais âgé :
« Ah, cher Maître, si nous avions des enfants, ils auraient votre intelligence et ma beauté ! »
« Peut-être », répond l'écrivain. « Mais ils pourraient aussi avoir ma beauté et votre intelligence. »

c) Le 1er avril, Daniel m'a téléphoné :
« Écoute, c'est formidable. Je viens de gagner un voyage à Tahiti pour deux personnes. Je t'emmène. On part demain. »
Bien sûr, c'était faux.

d) Rémi passe ses journées allongé sur son lit, à lire des romans policiers. Son père lui dit :
« Ces romans doivent te fatiguer. Il te faut prendre quelques jours de vacances. »

3. *Les adverbes en « ment ». Formez l'adverbe d'après l'adjectif.*

facile → facilement	bruyant →	gai → ......
joli →	prudent →	courageux → ......
sportif →	méchant →	frais → ......
vif →	différent →	fou → ......
bizarre →	savant →	long → ......

4. ***Les familles de mots. Complétez le tableau.***

celui qui fait l'action	l'action	le résultat de l'action
déménageur	déménager	déménagement
juge		
	critiquer	
		mensonge
	commenter	
présentateur		
		accusation

5. ***Les expressions adverbiales. Remplacez l'adverbe par une expression commençant par « avec » et si vous le pouvez, une expression commençant par « sans ».***

Exemple : Il marche *lentement* → Il marche *avec lenteur / sans se presser.*
Elle a puni son fils *méchamment* →
Il parle de son château *orgueilleusement* →
Elle nous a raconté *tristement* son histoire →
Il a parlé *calmement* →
Elle a agi *stupidement* →

6. ***Les homonymes. Trouvez deux mots qui se prononcent de la même manière mais qui ont une orthographe différente.***

arbre ←	pin	pain	→ toujours sur la table en France
celui du rossignol est très beau	chant		terre cultivée
il y en a plusieurs à la télévision		chêne	arbre
entre la tête et les épaules			résultat de l'action de frapper
n'est pas beau			liquide blanc
envie de manger			après, il n'y a plus de suite
femme de votre oncle			pour faire du camping
histoire			titre de noblesse
il faut le surveiller quand on grossit			légume
œuvre dansée			pour balayer

❑ Grammaire

7. *Conjugaison des verbes en « eler » et « eter ». Mettez les verbes entre parenthèses au présent.*

- L'animateur demande au candidat comment *(s'appeler)* le pape. Il doit *(épeler)* son nom.
- Dans mon congélateur j'ai toutes sortes de légumes. Je les *(acheter)* en été et je les *(congeler)*.
- Nous *(rappeler)* aux enfants qui *(jeter)* des papiers et des boîtes de jus de fruits sur la pelouse que c'est interdit.

8. *Les comparatifs. Complétez avec* aussi *ou* autant.

- Mme Reynaud a 70 ans, mais elle travaille ...... que sa fille. Elle est ...... dynamique qu'elle.
- Tu es fatiguée. Moi aussi. J'ai ...... marché que toi aujourd'hui. J'ai ...... besoin de repos.
- Julien est un élève insupportable. On l'a changé d'école. Mais dans sa nouvelle classe, il bavarde ...... et il est ...... peu travailleur.
- Michel conduit ...... vite que Didier et il a ...... d'accidents.

9. *Les comparatifs. Comparez-vous à vous-même, maintenant et avant !*

- Vos loisirs : Est-ce que vous travaillez plus/moins/autant qu'il y a 5 ans ?
  Est-ce que vous avez plus/moins/autant de loisirs ?
  Est-ce que vous lisez, faites du sport, sortez plus... ?
- Votre confort : Êtes-vous mieux logé ?
  Avez-vous plus d'argent ?
- Vos capacités intellectuelles. Travaillez-vous plus/aussi/moins vite ?

10. *Caractérisation des actions. Énumérez toutes les actions qu'ils doivent faire et caractérisez-les en utilisant des adverbes.*

- M. Laval rentre chez lui à 2 h du matin. Toute sa famille dort.
  Il ouvre la porte silencieusement.
  Il ......
- Mme Auger possède un salon de coiffure. Elle a des problèmes d'argent. Elle va demander un prêt à sa banque. Elle s'assied ...... Elle explique ......
- Jean-Luc collectionne les papillons. Dans un champ, il voit un magnifique papillon aux ailes bleues et noires. Il s'approche ......

11. ***L'interrogation. Reformulez la question selon l'exemple et répondez négativement.***

- Est-ce que vous connaissez M. de Chavigny ? → *Ne connaissez-vous pas M. de Chavigny ? Non, je ne le connais pas.*
- Est-ce que vous avez visité son château ? → ......
- Est-ce que vous lui avez parlé ? → ......
- Est-ce que vous avez été invité(e) chez lui ? → ......
- Est-ce que vous l'avez trouvé(e) étrange ? → ......

12. ***Affirmation et négation. Complétez avec « oui », « si », « non ».***

- Bonjour ! Est-ce que vous me reconnaissez ?

– ......, je ne vous reconnais pas.
– N'avez-vous pas fait vos études à Poitiers ?
– ......, j'ai fait mes études à Poitiers.
– Est-ce que vous suiviez les cours de M. Bonnet ?
– ......, je les suivais.
– N'aviez-vous pas fait un exposé sur Balzac ?
– ......, j'ai fait un exposé sur Balzac.
– Vous souvenez-vous de l'étudiant qui vous a posé des questions sur la vie de Balzac ?
– ......, je ne m'en souviens pas.
– Eh bien, cet étudiant, c'était moi !

❑ Écrit

13. ***Lisez ces offres d'emploi. Écrivez à l'un de ces annonceurs pour vous présenter, poser votre candidature ou demander des renseignements.***

OFFRES D'EMPLOI

2314 – Importante société textile cherche chef des ventes. 30/45 ans. Diplôme de commerce. Envoyer curriculum vitae.
2315 – Société cinématographique cherche comédiens tous âges pour figuration et petits rôles (juillet-août). Écrire et envoyer photo.
2316 – École privée recherche prof de math. Envoyer CV.
2317 – Restaurant à Nice cherche cuisinier. Place stable si capable.
2318 – Agence immobilière Paris cherche personne intéressée par l'immobilier.
2319 – Disquaire Montpellier cherche vendeur/euse expérimenté(e).
2320 – Distributeur de presse recherche un responsable de secteur (Bourgogne). Bonne rémunération. Formation assurée et rémunérée.
2321 – Jusqu'à 2 000 F par jour possible si vous êtes jeune et dynamique. Envoyer CV et photo.

14. ***Qui est Bruno Masure ?***

- *état civil :*
- *profession et qualités professionnelles :*
- *vie familiale :*
- *description physique :*
- *caractère :*
- *goûts :*

En vous inspirant de cet article, rédigez la présentation d'une personne que vous connaissez bien.

BRUNO MASURE ses amis le surnomment « Nounours »

Signe astrologique : Balance. Date de naissance : 14 octobre 1947. Taille : 1 m 78 pour 78 kg. Situation de famille : une épouse Cathy, qu'il a la désagréable habitude d'appeler « Mémé » ! Son nom : Masure, Bruno, mais beaucoup le surnomment « Nounours » ou « Nono ».
De tous les journalistes de TF1, Bruno Masure est sûrement celui qui se prend le moins au sérieux. Mais, s'il cède volontiers aux gags et aux jeux de mots, Bruno est avant tout un grand professionnel qui prend son métier très au sérieux. Il avoue même avoir dû absorber chaque soir des somnifères pour pouvoir dormir les premiers mois où il s'est vu confiée la responsabilité du journal de 20 h.
Depuis, Bruno s'est habitué à être sans cesse le point de mire des projecteurs et il prend bien garde à ce que cette popularité ne lui monte pas à la tête. Il le sait, il l'a dit et écrit : « La télé rend fou, mais je me soigne ! » Et lorsqu'il n'est pas au studio en train de travailler, que fait notre séducteur ? Il s'adonne à son vice préféré : la bonne chère et le bon vin.
Bruno avoue même avoir un peu d'embonpoint tant il est gourmand ! Il avoue aussi n'avoir guère le temps de s'en préoccuper. Pas question pour lui d'aller s'enfermer dans une salle de gymnastique pour perdre quelques kilos.
Son temps libre, il préfère le passer à voyager avec Cathy, son épouse. C'est d'autant plus facile pour eux que Cathy est hôtesse au sol dans une grande compagnie aérienne et qu'elle bénéficie de réductions très intéressantes sur les billets. Aussi, dès qu'ils le peuvent, M. et Mme Masure s'envolent vers des cieux toujours bleus.

Extrait de l'*Almanach TF1*, 1989 © TF 1 Éditions

❑ *Oral*

15. ***Jugez-les ! Ont-ils raison ou tort ? Les approuvez-vous ? Les excusez-vous ?***

- Un jour, Paul Durand découvre que sa femme a volé un bracelet dans une bijouterie. Il la menace de téléphoner à la police...
- Céline aime bien Gérard. Un jour, Gérard arrive au rendez-vous que Céline lui a donné avec une heure de retard. Il donne une excuse mais Céline apprend quelques jours plus tard qu'il a menti. Elle ne lui parlera plus jamais et refusera de le voir.
- Un automobiliste a écrasé le chien d'une dame. La dame attaque l'automobiliste en justice.

16. ***Vous est-il arrivé de mentir ? Racontez.***

Dans *Les Contes du lundi*, Alphonse Daudet raconte l'histoire d'un jeune garçon qui rentre chez lui avec beaucoup de retard. Comme il n'a aucune excuse valable à donner à ses parents, il en invente une. Il entre en criant « le Pape est mort ». L'effet est tellement spectaculaire dans cette famille profondément religieuse, qu'on oublie de réprimander le garçon pour son retard.

17. ***Est-ce que ces photos évoquent chez vous un souvenir. Racontez.***

« Ça me rappelle . . . . . . Je me souviens. C'était pendant l'été 19... »

Compléments

18. *Voici quelques mots d'esprit célèbres.*

Les gens de qualité savent tout sans avoir jamais rien appris
MOLIÈRE

A quelqu'un qui lui demandait son âge, Alphonse Allais a répondu : « Impossible de vous dire mon âge, il change tout le temps ».

L'Amour fait passer le temps
Le temps fait passer l'amour
Joseph de SÉGUR

Les villes devraient être bâties à la campagne, l'air y est plus pur.
Henri MONNIER

Ne soyez pas superstitieux, cela porte malheur.
Tristan BERNARD

Les miroirs feraient bien de réfléchir un peu plus avant de renvoyer les images.
Jean COCTEAU

J'ai toujours préféré un quart d'heure de mauvaise musique à une demi-heure de bonne.
Jules RENARD

19. *Devinettes.*

a) Elles sont pleines le jour et vides la nuit.
b) Quel est l'animal qui marche sur quatre pattes le matin, sur deux à midi et sur trois le soir ?
c) Je viens sans qu'on y pense
Je meurs à ma naissance
Et celui qui me suit
Ne vient jamais sans bruit
d) Quatre pattes sur quatre pattes. Quatre pattes aperçoit quatre pattes. Quatre pattes s'en va. Que reste-t-il ?

Réponses : a : les chaussures. b : l'homme (il s'agit de l'énigme proposée à Œdipe par le Sphinx). c : l'éclair. d : une chaise (un chat est sur une chaise. Il aperçoit une souris. Il saute de la chaise).

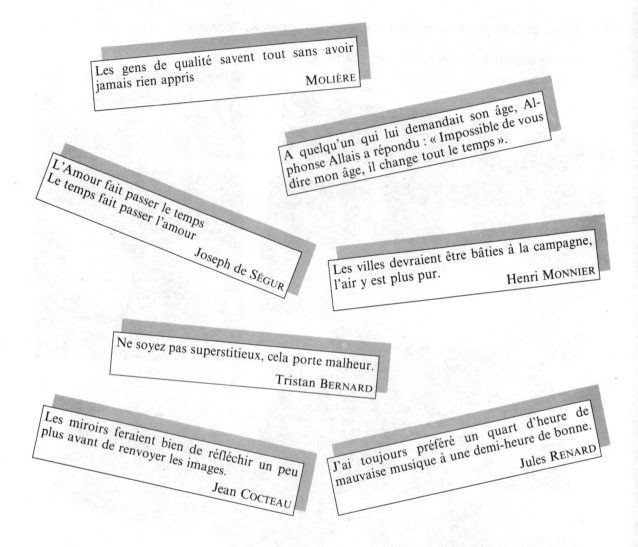

20. Dans ce texte du célèbre humoriste Raymond Devos relevez les remarques amusantes et les jeux de mots.

FAITES L'AMOUR, NE FAITES PAS LA GUERRE

Je viens de voir sur un mur
une inscription :
« Faites l'amour, ne faites pas la guerre. »
C'était écrit :
« Faites l'amour, ne faites pas la guerre. »
On vous met devant un choix !
« Faites l'amour, ne faites pas la guerre. »
Il y en a peut-être qui voudraient
faire autre chose !
D'abord, il est plus facile de faire l'amour
que de faire la guerre.
Pour faire la guerre,
déjà, il faut... faire une déclaration !
Pour faire l'amour aussi !
Il est plus facile de faire
une déclaration d'amour
qu'une déclaration de guerre !
Dans l'histoire de France,
il y a des exemples :
À Domrémy,
il y avait un jeune berger
qui était amoureux d'une bergère
qui s'appelait Jeanne(1)*.*
Il voulait faire l'amour.
Elle ne voulait pas !
Elle voulait faire la guerre !
Elle est devenue « Pucelle »(2) *à Orléans !*
Le repos de la guerrière(3)
elle ne voulait pas en entendre parler !
On ne peut pas dire de Jeanne
que ce soit l'amour qui l'ait consumée !(4)
Remarquez, si on fait l'amour,
c'est pour satisfaire les sens.
Et c'est pour l'essence
qu'on fait la guerre !
D'ailleurs,
la plupart des gens
préfèrent glisser
leur peau
sous les draps
que de la risquer
sous les drapeaux !(5)

R. DEVOS, *Sans dessus dessous*, © Éd. Stock

Raymond Devos

Notes :

(1) Allusion à l'histoire de Jeanne d'Arc, **Nouveau Sans Frontière**, p. 169.
(2) **pucelle** : vierge.
(3) **repos de la guerrière** : allusion au guerrier qui, après la bataille, se repose auprès des femmes captives.
(4) **consumée** : brûlée.
(5) **sous les drapeaux** : être engagé dans l'armée.

Leçon 1

❑ *Vocabulaire*

1. ***Les sports. Quels sports sont-ils en train de pratiquer ? Imaginez les objets qu'ils utilisent et l'endroit où ils se trouvent.***

a) ***C'est un haltérophile. Il soulève un poids (un haltère) de 150 kg. Il est dans une salle de sports.***

2. ***Les qualités physiques. Trouvez dans cette liste les qualités que doivent avoir les sportifs de l'exercice précédent.***

être adroit
habile
souple
fort
résistant
rapide
léger

avoir le sens de l'équilibre
des réflexes
de la force dans les bras, les jambes
du souffle
du courage

3. ***Les actions. A quel sport se réfère chacune des phrases suivantes ?***

a) La brasse papillon est toujours très spectaculaire.

b) Il a tiré un pénalty.

c) Elle a marqué un magnifique panier.

d) Il a fait un mauvais service. La balle a touché le filet.

e) Il a soulevé 200 kg à l'arraché.

f) Elle a descendu la pente tout schuss.

g) Il a gagné le Tour de France.

h) Il a fait un saut de 8 mètres.

i) Le couple a fait sa démonstration sur glace sur une musique de Tchaïkovsky.

j) Son cheval a refusé de sauter la haie.

4. ***Les actions. Complétez avec un verbe de la liste.***

- Le joueur de golf a ...... correctement la balle. Elle a roulé vers le trou. Malheureusement elle l'a ...... de quelques centimètres.
- Pour prendre le téleski, il faut ...... la perche d'une main et se laisser glisser. Et surtout ne ...... pas la perche !
- Barada a ...... le ballon du pied gauche et il l'a ...... dans les filets.
- L'haltérophile a essayé de ...... 220 kg mais il a tout de suite ...... la barre.
- Je vais vous ...... le ballon. Essayez de l'...... !

saisir
lacher
lancer
envoyer
recevoir
attraper
manquer
rater
frapper
soulever
reposer
laisser tomber

5. ***Anglicismes. Le vocabulaire du sport comporte beaucoup de mots anglais. Pourtant, certains de ces mots ont un équivalent en français. Retrouvez-le.***

• un score →	• une manche
• un challenge	• un tir
• un match	• un gardien de but
• un sprint	• un résultat
• un leader	• une accélération - une course de vitesse
• un set	• le premier - celui qui est en tête
• un goal	• une rencontre - une partie
• un shoot	• une compétition

Grammaire

6. ***Les propositions relatives. Les articles de presse et certains romans modernes se présentent quelquefois comme des successions de notations courtes. Regroupez les énoncés suivants en utilisant des pronoms relatifs.***

a) Une femme assise en face de moi. Elle me regarde. Je l'ai déjà vue quelque part.

b) Un homme. 40 ans. Blond. Yeux bleus. Il entre, un bouquet de fleurs à la main.

c) Autoroute. Elle conduit à l'aéroport. De part et d'autre, de grandes maisons entourées de parcs magnifiques. Elles ont été construites après la guerre.

d) Dans ma boîte, ce matin, je trouve une lettre. J'aperçois le timbre du service des impôts. Je l'ouvre maladroitement.

e) L'arbitre arrête le match un instant. Gomez est blessé. Il sort. Un infirmier l'aide à marcher.

Exemple : a. *J'ai déjà vu quelque part cette femme qui est assise en face de moi et qui me regarde.*

7. La forme du verbe après un pronom relatif. Complétez les réponses.

- C'est toi qui as gagné la course ?
  Oui, c'est moi qui ......
- C'est Jean-Luc et Didier qui préparent le repas ?
  Non, c'est nous qui ......
- C'est vous qui m'avez téléphoné ?
  Non, c'est mon mari qui ......
- C'est Jacques qui a fait le meilleur temps au 100 m ?
  Non, c'est toi qui ......

8. Forme passive. Transformez ces phrases pour mettre en valeur les mots soulignés. Utilisez la forme passive.

- C'est M. Bouvet qui dirige le club de football.
- 300 000 personnes lisent ce journal.
- La municipalité va démolir tous ces vieux immeubles.
- Edith Piaf a chanté « Non, rien de rien ».
- Rimbaud a écrit ces beaux poèmes.
- Quelqu'un nous a beaucoup aidé.

Exemple : *Le club de football est dirigé par ......*

9. Le participe passé. Imaginez les causes ou les circonstances de ces événements en utilisant un participe passé.

- *Fatiguée par une longue journée de marche,* Danielle est allée se coucher.
- ...., le conducteur a été transporté à l'hôpital.
- ...., l'incendie s'est rapidement développé.
- ...., Patrice a perdu son emploi.
- ...., le champion du monde de boxe quitte le ring.
- ...., les vins français se vendent dans le monde entier.

10. Les pronoms personnels. Remplacez les mots soulignés par un pronom pour éviter une répétition dans ce dialogue.

« – Je sors. Tu as besoin de quelque chose ?
– Achète du lait. Nous n'avons presque plus de lait.
– D'accord. Je m'arrêterai au supermarché et je prendrai du lait.
– Puisque tu vas au supermarché, prends aussi un rôti de veau pour demain soir. Nous avons ton frère à dîner.
– Bon. Je prendrai un rôti de veau. Est-ce qu'il reste assez de fromage ?
– Il n'y a plus beaucoup de fromage. Achète du fromage. Et n'oublie pas le pain.
– C'est noté. Je n'oublierai pas le pain. Ah ! J'y pense. Ma voiture est en panne. Je peux prendre la tienne ?
– Prends ma voiture si tu veux, mais fais attention ! Il n'y a presque plus d'essence. »

❏ Écrit

11. *Observez ce descriptif de la station de sports d'hiver les Arcs.*

a) Relevez les avantages de cette station.

b) Vous êtes employé(e) au syndicat d'initiative des Arcs. Quelqu'un vous téléphone pour vous demander des renseignements sur la station. Jouez la scène.

c) Vous avez fait une semaine de ski aux Arcs. Rédigez une carte postale pour des amis qui aiment beaucoup skier.

Les Arcs
1 800-3 200 m

SAVOIE

- 3 stations en une seule - 170 km de pistes

LA STATION

Créée aux portes même du Parc de la Vanoise sur un domaine skiable de 15 000 ha ce balcon sur le Mont Blanc est devenu en quelque 15 ans l'une des premières stations françaises de sports d'hiver. A dire vrai, trois stations en une puisque Arc 1600, 1800, 2000 s'étagent par paliers jusqu'au pied de l'Aiguille Rouge. Architecture intégrée et vive animation les caractérisent. Ambiance et divertissement des stations mais avant tout superbe équipement neige. Au total 170 km de pistes balisées, 70 itinéraires possibles, 71 remontées dont le téléphérique de l'Aiguille Rouge pour un ski de piste et de haute montagne (avec couloirs et poudreuse) à 3 200 m.

Pour cette année aux Arcs nous avons opté pour des réservations à Arc 1800 et Arc 2000.

Sur un plan pratique : dans les deux stations : tous commerces d'alimentation, ski-shop, journaux, cabinet médical, service mini-club et jardin d'enfants, parking plein air (et parking couvert payant) salon de coiffure... et à Arc 1800 : banques (Crédit Agricole, Crédit Lyonnais...) à Arc 2000 : dépôt pharmaceutique (phamacie à Arc 1600 et Arc 1800).

Pour les loisirs : dans les deux stations : restaurants, bars, discothèques, cinémas. A Arc 1800 : patinoire naturelle, squash, salle de concerts.

A noter : navette régulière entre les trois stations.

NOTES PRATIQUES

Accès route. De Paris, Lyon et Grenoble autoroute jusqu'à Chambéry et Montmélian puis N 90 jusqu'à Bourg-St-Maurice enfin montée à la station par une route de 14 km (équipement d'hiver recommandé). Paris 690 km, Lyon 220 km, Chambéry 105 km.

Accès train. Gare de Bourg-St-Maurice, un service de car assure la correspondance, des taxis permettent également de monter à la station (les réserver à l'avance : 79.07.48.00).

Equipement : 71 remontées mécaniques, 170 km de pistes balisées, domaine skiable étendu aux domaines voisins : Villaroger - Landry - Peisey Nancroix. 20 pistes noires, 35 pistes rouges, 29 pistes bleues et 10 pistes vertes stade de vitesse KL (kilomètre lancé).

Cours de ski par l'Ecole de Ski des Arcs, cours collectifs ou individuels : de ski de fond, de ski alpin, de monoski et stages.

- **Forfaits** (prix indicatifs) 1 jour : 140 F, 6 jours : 680 F.

Enfant — 7 ans gratuit (sur justificatif de l'âge et accompagné de l'un des parents). Forfaits valables sur les domaines skiables des Arcs - Villaroger - Landry - Peisey Nancroix, La Plagne et dans des conditions particulières à Val d'Isère et Tignes.

Catalogue *Art et vie*. Hiver-Printemps 87/88

12. *Rédigez une pétition à l'intention de la mairie de V...*

La construction du lotissement « Les Charmilles » (50 petites maisons individuelles avec jardin) a été terminée l'an dernier. Les propriétaires de ces maisons neuves ne sont pas contents. La municipalité néglige ce nouveau quartier. Ils se sont réunis pour écrire une plainte. Lisez leur conversation et rédigez cette lettre.

Mme Dubois : Çe ne peut plus durer ! Il faut faire quelque chose ! D'abord il faut parler du manque de propreté. Le camion qui ramasse les ordures passe seulement le lundi. Ce n'est pas normal. Et quand le lundi est férié, il faut attendre quinze jours avec des tas d'ordures qui attirent les chats, les chiens et les rats.

M. Langlois : C'est dégoûtant. Ça sent mauvais. On va attraper des maladies avec ça. Normalement, ici, c'est un quartier résidentiel.

M. Regis : Et puis, il faut aussi parler de l'absence de police. Nous sommes là depuis un an. Il y a eu trois vols de voitures et même un cambriolage le mois dernier chez les Reynaud. Ça ne peut pas continuer. La police ne vient jamais par ici. Ce n'est pas normal.

M. Langlois : Dites-leur que s'ils ne font pas leur travail, on va le faire à leur place.

Mme Dubois : On ne peut tout de même pas passer la nuit dehors à attendre les voleurs ! Ce qu'il faut c'est des rondes de police la nuit et un agent au carrefour le jour pour faire traverser les enfants.

Mme Chazeau : Moi, quelquefois j'ai peur quand ma fille rentre le soir. Le problème, c'est qu'il n'y a pas d'autobus venant du centre ville après 8 h du soir.

Mme Dubois : Il faut demander un service d'autobus toutes les demi-heures de 7 h du matin à 9 h du soir.

M. Regis : La municipalité va dire que ça coûte cher.

Mme Dubois : Nous payons nos impôts comme tout le monde, non ?

Les habitants du quartier
des Charmilles

à Monsieur le Maire de V...

Depuis un an...

❑ Oral

13. ***Commentez ces statistiques. L'ordre des préférences serait-il semblable dans votre pays ?***

LE HIT-PARADE DES SPORTS

Classement des sports selon leur taux de pratique et selon l'âge.

	12-17 ans		18-34 ans		35-49 ans		50-64 ans		65-74 ans	
1	Natation	36,5	Culture phy.	33,9	Marche	28,4	Marche	29,9	Marche	30,5
2	Culture physique	24,4	Natation	24,7	Culture phy.	22,4	Culture phy.	22,5	Culture phy.	19,0
3	Vélo	23,1	Marche	21,7	Natation	21,4	Natation	16,2	Natation	10,7
4	Tennis	21,8	Tennis	17,3	Vélo	15,1	Vélo	14,4	Vélo	8,8
5	Football	18,9	Courses	16,4	Tennis	13,3	Baignade	6,6	Boules	5,5
6	Courses	17,9	Ski	13,8	Courses	11,8	Chasse	4,2	Baignade	3,0
7	Marche	15,5	Vélo	10,3	Ski	10,4	Ski	3,7	Chasse	2,6
8	Ski alpin	14,8	Football	9,2	Baignade	7,5	Tennis	3,6	Gym. médi.	2,5
9	Baignade	10,9	Baignade	7,0	Boules	4,7	Pêche	3,6	Pêche	2,3
10	Tennis de table	9,5	Planche	6,5	Football	4,0	Boules	3,1	Tennis	2,0

G. Mermet, *Francoscopie*, © Éd. Larousse, 1988

14. ***Les salles de sport.***

Depuis le début des années 80, les salles de sport se sont multipliées en France. Quelles sont les causes de ce phénomène ?

- le désir de faire du sport quotidiennement,
- le besoin de lutter contre le stress quotidien,
- l'importance de l'apparence dans la société moderne (il faut paraître mince, musclé, en forme),
- la possibilité de rencontrer des gens,
- etc.

Fréquentez-vous une salle de sport ? Pourquoi ?

15. ***Jouez les scènes.***

a) Il est en difficulté.
Elle lui propose de l'aide.

b) Un journaliste l'interroge :
« Comment faites-vous... ? ».

❑ *Compléments*

16. ***Images pour un débat sur le sport.***

- **Sport et danger.**

Le 1er septembre 1988, Olivier Moussy disparaît en mer au cours d'une course à la voile.
Alpinisme, ski, boxe peuvent être des sports dangereux.

Pensez-vous qu'il faudrait interdire certains sports ?

- **Sport et argent**

Un champion de course automobile peut gagner 25 millions de francs par an (200 fois un salaire moyen).
En 1988 un club de football a « acheté » un joueur à un autre club près de 20 millions de francs.

Peut-on séparer le sport du monde des affaires ?

- **Sport et drogue**

Aux jeux olympiques, de grands champions ont été disqualifiés pour avoir absorbé des produits pharmaceutiques interdits.

Faut-il être plus sévère dans les contrôles ?

- **Sport et violence**

Au cours de matchs de football, des bagarres ont fait de nombreux morts et blessés.

Que peut-on faire pour supprimer la violence dans les stades ?

CARO

HONDA
La Marseillaise
MICHELIN
SUD MOTO
NIMES
37

Leçon 2

❑ Grammaire

1. *Énumérez tout ce qu'on peut trouver dans ces magasins.*

Les mêmes magasins proposent quelquefois des produits différents selon les pays (par exemple, en Angleterre, on trouve des cigarettes dans les épiceries). Confrontez vos expériences.

2. *Les activités ménagères. Qu'est-ce qu'il faut faire ?*

a) Le sol de l'appartement est couvert de poussière et de papiers	*Il faut balayer...*
b) L'évier et le dessus de la cuisinière sont sales	Il faut...
c) Les meubles du salon ne brillent pas	Il faut...
d) On vient de déjeuner. Les assiettes et les couverts sont encore sur la table	Il faut...
e) Il y a 4 kg de linge sale dans la corbeille	Il faut...
f) Le réfrigérateur est vide	Il faut...

3. *Meubles et ustensiles. Vous venez de louer un appartement vide. Vous devez maintenant acheter quelques meubles et quelques ustensiles. Vous ne disposez que de 20 000 F. Quelles sont vos priorités ?*

LA FOIRE AUX MEUBLES
Pour vous équiper aux meilleurs prix

A partir de...		*A partir de...*		*A partir de...*	
armoire	1 500 F	cuisinière électrique	1 500 F	nappe	100 F
aspirateur	800 F	drap	70 F	oreiller	50 F
assiette (les 6)	100 F	fauteuil	700 F	piano	15 000 F
balai	50 F	fer à repasser	200 F	plat (les 4)	100 F
bibliothèque	2 000 F	four à micro-ondes	500 F	plateau	50 F
buffet	2 000 F	fourchette (les 6)	40 F	placard	600 F
canapé	1 000 F	gant de toilette (les 4)	30 F	poêle	50 F
casserole (la batterie de 3)	100 F	glace	100 F	rideau	300 F
chaise	100 F	lampe de chevet	50 F	réfrigérateur	800 F
cocote-minute	300 F	lampe de bureau	300 F	serviette de table (les 6)	50 F
commode	1 000 F	lampe de salon	400 F	serviette de bain (les 4)	150 F
couteau (les 6)	50 F	lit	1 000 F	sommier	800 F
couverture	300 F	lustre	700 F	table de cuisine	600 F
coussin	50 F	matelas	700 F	table de salle à manger	800 F
cuillère (les 6)	40 F	marmite	100 F	tapis	500 F
cuisinière à gaz	600 F				

4. *Test. Êtes-vous un homme, une femme d'intérieur ?*

- **Pour chacune des activités ci-dessous, donnez-vous 3 notes de 0 à 2 dans les cases A, B et C.**

	A	B	C
la cuisine			
la vaisselle			
mettre la table et desservir			
la lessive			
le repassage			
le ménage quotidien			
le grand nettoyage			
les courses			
total des points A+B+C			

A. Vous le faites avec plaisir 2
Vous le faites parce qu'il faut le faire 1
Vous détestez le faire 0

B. Vous êtes un expert 2
Vous vous débrouillez 1
Vous êtes totalement incompétent 0

C. Vous le faites toujours 2
Vous le faites quelquefois 1
Vous ne le faites jamais 0

- **Faites le total des points**

De 40 à 48 : vous êtes une « fée du logis ».
De 25 à 40 : Vous êtes une femme (un homme) d'intérieur.
De 10 à 25 : Vous n'êtes pas fait pour les tâches de la vie quotidienne.
De 0 à 10 : Nous espérons que vous connaissez de bons restaurants et de bons hôtels.

5. ***Les ustensiles. Dans son* Catalogue des objets introuvables, *Carelman a imaginé des objets spécialement étudiés pour résoudre nos problèmes. En voici quelques-uns. Imaginez et dessinez d'autres objets semblables. Rédigez pour chacun d'eux un texte de présentation.***

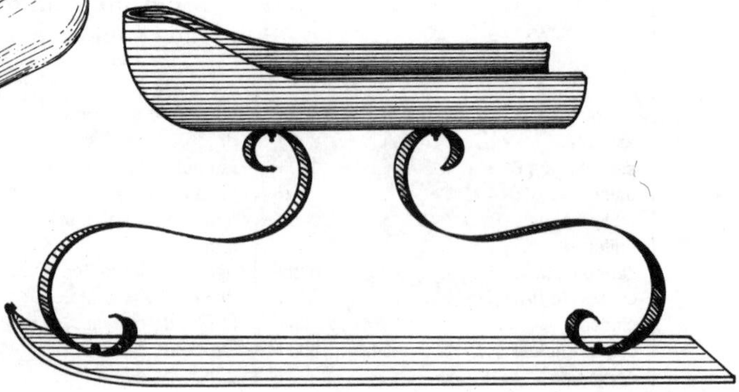

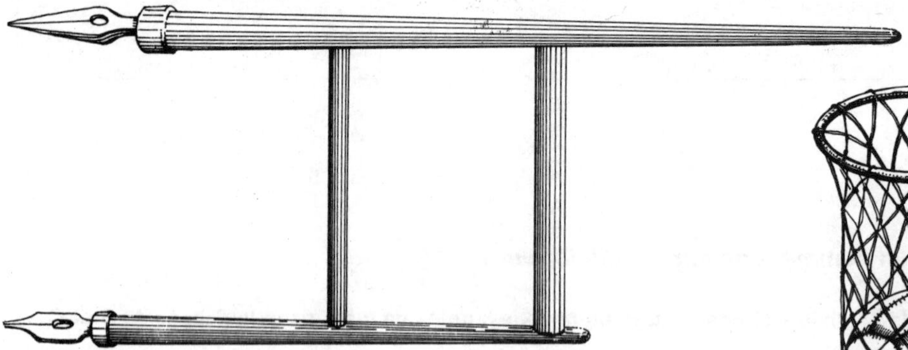

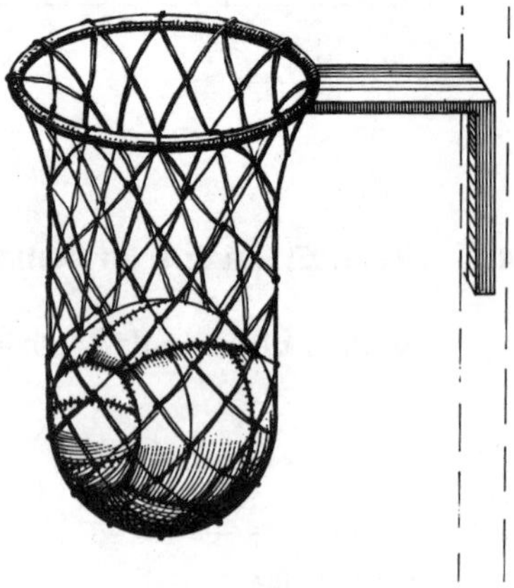

Carelman, *Catalogue d'objets introuvables,* © Éd. Balland, 1969

❑ Grammaire

6. ***Le subjonctif dans l'expression de l'obligation. La famille Brun fait un pique-nique. Réécrivez les ordres de Mme Brun en employant « il faut que... »***

« Arnaud, étale la nappe sur l'herbe et mets le couvert !
Sylvie et Romain, allez ramasser un peu de bois mort ! Allumez le feu et faites griller les saucisses !
Delphine, aide-moi ! Nous devons aller chercher les paniers dans la voiture.
Arnaud, appelle ton père ! Il doit venir nous aider... »

« Arnaud, il faut que tu... »

7. ***Le subjonctif dans l'expression des souhaits. Complétez en utilisant le verbe entre parenthèses.***

- Nous allons faire un pique-nique demain. Je voudrais qu'. . . . . . *(faire beau).*
- Valérie a rencontré un garçon qui lui plaît beaucoup. Je souhaite qu'elle *(le revoir).*
- Tu as la grippe ? Je souhaite que tu *(aller mieux)* bientôt.
- Ils sont partis en retard à l'aéroport. Je souhaite qu'ils *(arriver)* avant le départ de l'avion.
- J'organise une fête samedi soir. Je voudrais que tu *(venir).*

8. ***Le subjonctif dans l'expression des sentiments. Réagissez aux situations suivantes en utilisant les verbes du tableau.***

- Votre ami(e) va au cinéma sans vous
- Votre ami(e) ne peut pas sortir sans vous
- Des copains passent vous voir à minuit
- Votre ami(e) vous téléphone à une heure du matin
- On vous offre un magnifique cadeau pour votre anniversaire
- On vous offre un cadeau bon marché

Exemple : « Je n'aime pas beaucoup que mon ami(e) aille au cinéma sans moi, mais ça ne me gêne pas que... »

J'adore...
Je trouve bien...
J'aime bien...
Ça ne me gêne pas...
Je n'aime pas...
Je ne supporte pas...
Je déteste...

9. ***Les sens de « comme ». Pour expliquer les différents sens de « comme », faites de nouvelles phrases.***

Exemple : Qu'est-ce que vous prenez comme dessert ? Qu'est-ce que vous prenez pour le dessert ?

- Elle est habillée comme sa sœur.
- Comme nous arrivions chez lui, il sortait.
- Comme il a changé en trois ans !
- Elle a travaillé comme serveuse dans un restaurant du Quartier Latin.
- Comme nous aurons nos vacances en février cette année, nous ferons un voyage en Australie.
- Il écrit comme il parle.
- Comme nous finissions le repas, Michel est arrivé.

❑ Écrit

10. ***Inspirez-vous du thème de* la Farce du Cuvier *pour rédiger des dialogues.***

La Farce du Cuvier est une pièce de théâtre du Moyen Age. Le pauvre Jacquinot a une femme méchante et acariâtre. Encouragée par sa mère, elle oblige Jacquinot à faire toutes les tâches ménagères et lui reproche sans cesse de ne pas en faire assez.

Les deux femmes font signer à Jacquinot un « rolet » (une liste de toutes les tâches qu'il doit accomplir). Cette liste est très longue.
Mais un jour, la femme de Jacquinot tombe dans un bassin (le cuvier). Elle appelle son mari au secours.

Jacquinot, impitoyable, lit tout le « rolet » et remarque que « retirer sa femme du bassin » ne fait pas partie de ses attributions.
Finalement, il sauve sa femme mais à condition qu'elle déchire le « rolet ».

Imaginez une dispute entre Jacquinot et les deux femmes.

Rédigez la liste.

Imaginez le dialogue.

11. *La mode du jean. Lisez cet article et répondez.*

Les fabricants de jeans ne savent plus quoi inventer. Après avoir proposé des jeans neufs, ils ont décidé de lancer le jean délavé. Puis, histoire d'user leur idée jusqu'à la corde, ils ont lancé la mode du jean déchiré. Et ce pour le même prix, soit la modique somme de 400 francs ou presque. Une superbe opération si l'on en croit les chiffres. En 1987, plus de six millions de personnes, en France, se sont portés acquéreurs. Soit une augmentation de 6 % par rapport à l'année précédente. Un véritable phénomène de société qui a poussé, en Grande-Bretagne, un groupe de psychologues à réaliser une étude très sérieuse. La conclusion tombait : les jeans déchirés étaient synonymes de détresse. Cela n'empêchait pas des vedettes comme Renaud, Vanessa Paradis, Jane Birkin, Serge et Charlotte Gainsbourg, Mickey Rourke, Etienne Daho, de continuer de s'afficher dans cette tenue, que certains n'ont pas hésité à juger déplacée.

Comme bien des produits, ce sont naturellement des stars qui ont suscité ce besoin. Certes à la Libération ce sont les GI's qui, les premiers, font découvrir ces pantalons de toile bleue aux Français. Mais, dans les années 50, ce sont James Dean et Marlon Brando, les nouvelles idoles révoltées du cinéma américain, qui créent le déclic. La fureur de vivre ne peut s'exprimer que si le jean est de rigueur. Il entame une seconde jeunesse.

Car, s'il n'en finit pas d'évoluer, c'est en 1853 qu'il est né. Oscar Lévi, un jeune émigré bavarois, débarque en Californie avec un stock de toile de bâche qu'il destine aux sans-abri. Fiasco. Un chercheur d'or en loques a alors l'idée de génie de proposer à Lévi de lui couper un pantalon dans cette matière qui paraît inusable. Il sera le premier. Pas le dernier...

Télé Poche, n° 1983

a) A quelle époque et dans quelles circonstances est apparu le premier pantalon jean ?

b) A quelle époque le premier jean est-il apparu en France ?

c) A quelle époque la mode du jean s'est-elle développée ?

d) Quelles sont les raisons du succès de cette mode ?

e) Aimez-vous porter des jeans ? Pour quelles raisons ?

f) Pensez-vous qu'on puisse aller en jeans :
- au bureau ?
- au théâtre ou à l'opéra ?
- à une réception mondaine ?

12. *Rédigez des arguments pour préparer la séance du conseil municipal.*

Vous êtes conseiller municipal dans une ville de 200 000 habitants. Vous allez participer à une séance du conseil municipal qui devra débattre des projets suivants :

- Construction d'une voie rapide le long de la rivière qui traverse la ville. Cette grande avenue à quatre voies permettra de résoudre les problèmes de circulation dans la ville.
- Déplacement de tous les services administratifs de la ville vers la périphérie.
- Construction d'une grande médiathèque (bibliothèque, discothèque, salles d'expositions et de conférences) sur l'emplacement d'un jardin public du centre ville.

Faites une liste d'arguments pour ou contre ces projets.

13. *Jouez la séance du conseil municipal préparée dans l'exercice 12.*

14. *Tous les dix ans l'hebdomadaire* L'Express *fait un sondage sur les jeunes Français. Analysez les réponses aux questions posées en 1988. Comparez avec les réponses des années précédentes. Comment auriez-vous répondu à ces questions ?*

Estimez-vous que vous êtes :

	1957	1968	1978	1988
Très heureux	**24 %**	**35 %**	**34 %**	**29 %**
Assez heureux	**61**	**54**	**59**	**61**

Qu'est-ce qui vous paraît le plus important, dans cette liste, pour que des gens comme vous vivent heureux aujourd'hui ?

	Cité en 1er	en 2e	en 3e	Total
Avoir une profession qui plaît	**44**	**25**	**12**	**81**
Avoir des amis	**17**	**16**	**14**	**47**
Être bien logé	**16**	**15**	**11**	**42**
Pouvoir continuer de s'instruire	**5**	**11**	**18**	**34**
Avoir des enfants	**5**	**9**	**11**	**25**

Croyez-vous que votre génération sera très différente, ou non, de celle de vos parents ?

	1957	1978	1988
Très différente	**16 %**	**74 %**	**80 %**

Trouvez-vous que vous avez plutôt de la chance, ou non, de vivre à l'époque actuelle ?

	1957	1968	1978	1988
Plutôt de la chance	**53 %**	**77 %**	**71 %**	**68 %**

Parmi les valeurs suivantes, pour lesquelles seriez-vous prêt à risquer votre vie ? (Question posée à ceux qui ont répondu « oui ».)

	1968	1988
Pour votre famille	**52 %**	**84 %**
Pour défendre votre pays	**20**	**18**
Pour changer la société	**10**	**14**
Pour défendre la société actuelle	**4**	**6**

L'Express, 30 déc. 1988.

15. ***Organisez une élection. Élisez un délégué qui représentera votre groupe au prochain Congrès international des jeunes francophones.***

a) Chaque candidat présente son programme « Je dirai... Je ferai... »
Ces présentations sont suivies d'un débat.

b) Chaque candidat et ses amis :
- rédigent en 15 lignes leurs principales propositions,
- réalisent une affiche électorale.

c) Organisez un vote à bulletin secret.

d) Proclamez les résultats.

Sommet de la francophonie, Dakar, mai 1989

16. ***Un extrait de* Knock *de Jules Romain.***

Le vieux docteur Parpalaid vend son cabinet de médecine situé dans une région de montagnes où les gens ne vont que rarement chez le médecin. C'est le docteur Knock qui le rachète. Avant d'être médecin, il a fait le commerce des cacahuètes et compte appliquer des méthodes de prospection pour attirer les clients. Il annonce qu'il donnera des consultations gratuites et persuade ses visiteurs qu'ils sont réellement malades.

a) Quel est le but du début de l'interrogatoire ?

b) Montrez l'absurdité du diagnostic de Knock.

c) Pourquoi Knock arrive-t-il à être persuasif ?

SCÈNE IV

KNOCK, LA DAME EN NOIR

Elle a quarante-cinq ans et respire l'avarice paysanne et la constipation.

KNOCK : Ah ! voici les consultants. *(A la cantonade.)* Une douzaine, déjà ? Prévenez les nouveaux arrivants qu'après onze heures et demie je ne puis plus recevoir personne, au moins en consultation gratuite. C'est vous qui êtes la première, madame ? *(Il fait entrer la dame en noir et referme la porte.)* Vous êtes bien du canton ?

LA DAME : Je suis de la commune.

KNOCK : De Saint-Maurice même ?

LA DAME : J'habite la grande ferme qui est sur la route de Luchère.

KNOCK : Elle vous appartient ?

LA DAME : Oui, à mon mari et à moi.

KNOCK : Si vous l'exploitez vous-même, vous devez avoir beaucoup de travail ?

LA DAME : Pensez, monsieur ! dix-huit vaches, deux bœufs, deux taureaux, la jument et le poulain, six chèvres, une bonne douzaine de cochons, sans compter la basse-cour.

KNOCK : Diable ! Vous n'avez pas de domestiques ?

LA DAME : Dame si. Trois valets, une servante, et les journaliers dans la belle saison.

KNOCK : Je vous plains. Il ne doit guère vous rester de temps pour vous soigner ?

LA DAME : Oh ! non.

KNOCK : Et pourtant vous souffrez.

LA DAME : Ce n'est pas le mot. J'ai plutôt de la fatigue.

KNOCK : Oui, vous appelez ça de la fatigue. *(Il s'approche d'elle).* Tirez la langue. Vous ne devez pas avoir beaucoup d'appétit.

LA DAME : Non.

KNOCK, *(il l'ausculte).* Baissez la tête. Respirez. Toussez. Vous n'êtes jamais tombée d'une échelle, étant petite ?

LA DAME : Je ne me souviens pas.

KNOCK, *(il lui palpe et lui percute le dos, lui presse brusquement les reins).* Vous n'avez jamais mal ici le soir en vous couchant ? Une espèce de courbature ?

LA DAME : Oui, des fois.

KNOCK, *(il continue de l'ausculter).* Essayez de vous rappeler. Ça devait être une grande échelle.

LA DAME : Ça se peut bien.

KNOCK, *(très affirmatif).* C'était une échelle d'environ trois mètres cinquante, posée contre un mur. Vous êtes tombée à la renverse. C'est la fesse gauche, heureusement, qui a porté.

LA DAME : Ah oui !

KNOCK : Vous aviez déjà consulté le docteur Parpalaid ?

LA DAME : Non, jamais.

KNOCK : Pourquoi ?

LA DAME : Il ne donnait pas de consultations gratuites.

(...)

Knock, Éd. Gallimard

☐ *Vocabulaire*

1. *Les instruments de musique. Complétez avec des noms d'instruments.*

1. On frappe dessus avec des baguettes.
2. Il a des touches blanches et des touches noires qu'on frappe avec les doigts.
3. On souffle dedans en la tenant sur le côté.
4. On le trouve dans les églises.
5. Instrument à cordes dont on se sert pour accompagner une chanson.
6. Instrument à vent en bois noir avec de nombreuses clés métalliques.
7. Elle précède la cavalerie.
8. Instrument de musique à soufflet très populaire dans les années 50.
9. Instrument à percussion dans un orchestre de jazz.
10. Le plus petit et le plus célèbre des instruments à cordes.
11. Sorte de grand violon.
12. Pour donner la sérénade.

1. T A M B U E R *drum*
2. P I A N O
3. F L U T E
4. O R G A N
5. G U I T A R E
6. C L A R I N E T T E
7. T R O M P E T T E
8. A C C O R D É O N
9. B A T T E R I E *drum set*
10. V I O L I N
11. V I O L O N C E L L E
12. M A N D O L I N

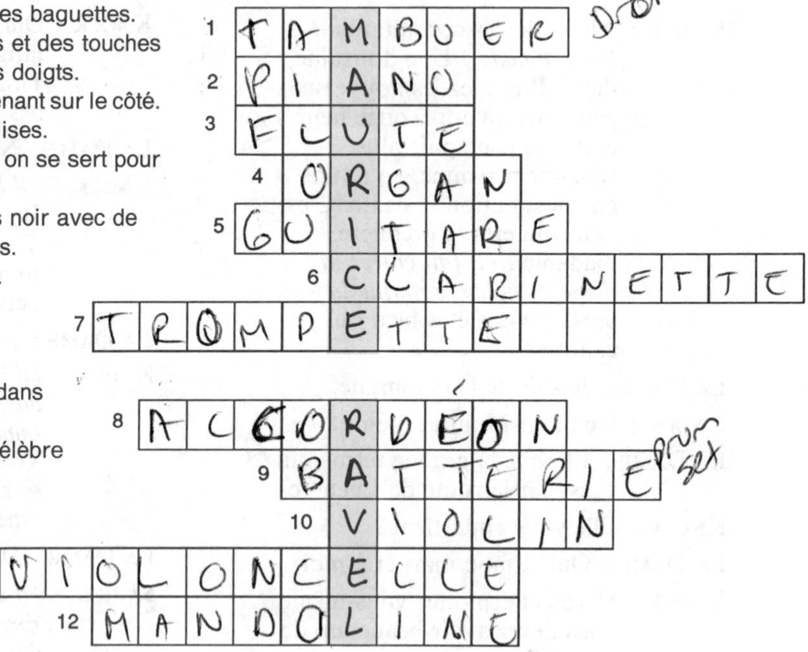

Mauricel Ravel (1875-1937) : compositeur français du début du XXe siècle. Célèbre pour ses œuvres pour piano et pour son *Boléro*.

2. *Les instruments de musique. Choisissez vos instruments.*

Dans la *Symphonie fantastique* d'Hector Berlioz, la musique a un rôle descriptif. L'orchestre évoque tour à tour la nature, le rêve, un bal, une marche au supplice. → *torture*

Quels instruments choisiriez-vous pour évoquer :

- le chant d'un oiseau *flute*
- une armée victorieuse *trumpet*
- un jeune homme triste *violon*
- une jeune fille gaie
- la pluie *the rain*
- le tonnerre *storm*
- un mariage *organ*
- la fin du monde

3. ***Le théâtre. Remettez dans l'ordre les différentes étapes de la préparation d'une pièce de théâtre.***

a) les répétitions commencent ;
b) le directeur du théâtre choisit un metteur en scène ;
c) on invite la presse à l'avant-première ;
d) les acteurs sont sélectionnés et engagés ;
e) on lance la publicité ;
f) les acteurs apprennent leur rôle ;
g) les acteurs passent une audition ;
h) on fabrique les décors et les costumes ;
i) les acteurs améliorent leur interprétation ;
j) le rideau se lève pour la première représentation.

4. ***Le théâtre. Reliez les mots et la partie correspondante dans cette maquette de théâtre.***

la scène
l'avant-scène
le rideau
le parterre
le balcon
une loge

5. ***Les expressions avec « en ». Trouvez une expression synonyme dans la colonne de droite.***

A - « J'en ai assez ! »
B - « Je m'en moque ! »
C - « Je lui en veux beaucoup ! »
D - « Je ne m'en fais pas ! »
E - « Je m'en vais ! »

a - Je pars.
b - Je ne supporte plus ça.
c - Ça me laisse indifférent.
d - Je lui reproche beaucoup de choses.
e - Je ne me fais aucun souci.

Donnez un exemple de situation où ces phrases peuvent être prononcées.

Grammaire

6. La restriction « ne... que ». Complétez en utilisant une phrase restrictive.

- Il faut trois jours pour faire l'excursion dans la Vallée des Merveilles. *Nous n'avons que deux jours de vacances.* Ça ne suffit pas.
- Je voudrais bien acheter ce foulard. Mais il coûte 300 F et . . . . . . Ça ne suffit pas.
- Il veut devenir champion de natation mais . . . . . . Ça ne suffit pas.
- Elle a invité dix personnes à dîner mais . . . . . . Ça ne suffit pas.
- Il faut au moins 3 heures pour faire ce travail et . . . . . . Ça ne suffit pas.
- Une bonne thèse doit avoir au moins cinq-cents pages et . . . . . . Ça ne suffit pas.

7. Adjectifs et pronoms interrogatifs. Complétez avec « quel », « lequel », etc.

- **Au salon**

– . . . . . . genre de musique voulez-vous écouter ?
– Vous avez les symphonies de Beethoven ?
– J'ai *la Cinquième, la Neuvième* et *l'Héroïque*. . . . . . . préférez-vous ?

- **A la bibliothèque de prêt**

– Je voudrais emprunter ces six livres. C'est possible ?
– Non, vous n'avez droit qu'à trois : . . . . . . prenez-vous ?
– Ces trois-là.
– . . . . . . est votre nom ?

- **Retrouvailles**

– Et vos enfants, ils vont bien ? Ils doivent avoir grandi ?
– J'en ai un qui est déjà marié.
– C'est . . . . . . ?
– Maryse, ma fille aînée.
– . . . . . . âge a-t-elle maintenant ?
– vingt ans dans trois mois.

8. Constructions présentatives avec pronoms démonstratifs. Répondez en utilisant la structure de l'exemple.

Qu'est-ce qui vous intéresse ? → *Ce qui m'intéresse, c'est le cinéma.*
Qu'est-ce qui vous plaît dans cette ville ? → . . . . . .
Quel garçon trouve-t-elle sympathique ? → . . . . . .
Quelles personnes va-t-elle inviter ? → . . . . . .
Qu'est-ce que vous allez faire ce soir ? → . . . . . .
Quelles sont les personnes que vous n'aimez pas ? → . . . . . .

9. *Les pronoms démonstratifs dans les constructions relatives. Complétez avec « ce qui » ou « ce que ».*

Henri (20 ans) rend visite à son père.

Le père : Qu'est-ce que tu veux boire ? un whisky ? un Martini ?

Henri : *ce que* tu veux. Comme toi.

Le père : Alors, tu es bien dans ton studio ? Maintenant, tu peux faire *ce qui* te plaît.

Henri : Oui mais *ce qui* m'ennuie, c'est que je ne peux pas partir en vacances cette année.

Le père : Comment ! Avec *ce que* tu gagnes, tu n'as pas assez d'argent pour te payer des vacances ?

Henri : Eh non. Tu ne peux pas imaginer tout *ce que* je dois payer : le loyer, l'assurance, et puis je veux m'acheter une voiture.

Le père : Alors il faut travailler davantage.

Henri : C'est *ce que* je fais.

10. *Pronoms démonstratifs.*
L'amateur d'art a des goûts difficiles. Il refuse tout ce que lui propose la vendeuse du magasin Art Présent. Trouvez ses réponses.

1 - CETTE PEINTURE ICI ?
2 - CE TABLEAU-LÀ ?
3 - CE PORTRAIT SUR LA TABLE ?
4 - REGARDEZ CES BIJOUX !
5 - ET CES PHOTOS DE CARTIER-BRESSON ?
6 - ET CE PAYSAGE À CÔTÉ DE LA SCULPTURE ?

1 - CELLE-CI EST TROP MODERNE
2 - Celui là est

Écrit

11. ***Présentez les principaux personnages du* Barbier de Séville *de Beaumarchais (1732-1799). Remettez dans l'ordre les différents moments de la pièce.***

◀ **Rosine :** jeune orpheline jolie et intelligente. Son tuteur la tient enfermée chez lui et compte l'épouser. Mais Rosine ne veut pas d'un vieux mari.

▲
Figaro (à gauche) : ancien valet d'Almaviva. Homme rusé et débrouillard, dynamique et chaleureux. C'est le barbier (le coiffeur) de Bartholo.

Bartholo (à droite) : homme âgé, tuteur de Rosine. Antipathique mais intelligent.

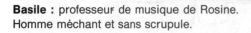

◀ **Le comte Almaviva :** jeune grand seigneur d'Espagne, riche et chevaleresque. Il aime Rosine qu'il n'a vue qu'une fois.

▲
Basile : professeur de musique de Rosine. Homme méchant et sans scrupule.

- **Résumé de la pièce** (à remettre dans l'ordre).

a) Almaviva, déguisé en militaire, frappe à la porte de Bartholo. Il tient à la main un billet de logement (les militaires pouvaient être logés chez les habitants). Malheureusement, Bartholo possède un document officiel qui l'exempte de loger les militaires. Almaviva est obligé de partir.

b) Bartholo découvre le stratagème : le professeur de musique est en réalité Almaviva. Il renvoie Almaviva et court chercher le notaire pour épouser Rosine immédiatement.

c) Almaviva se rend à Séville où Rosine habite chez son tuteur Bartholo. Mais il ne peut pas voir la jeune fille. Bartholo la tient enfermée toute la journée

d) Un jour, à Madrid, le comte Almaviva tombe amoureux d'une jeune fille. Elle s'appelle Rosine et vit à Séville.

e) Dès que Bartholo est parti, Almaviva et Figaro entrent dans la maison. Ils sont avec un notaire. Celui-là même que Bartholo est allé chercher.

f) Almaviva se rend à nouveau chez Bartholo. Il est cette fois déguisé en maître de musique de Rosine. Il dit que Basile, malade, ne peut pas venir et qu'il va le remplacer. Il commence à donner à Rosine sa leçon de musique.

g) A Séville, Almaviva rencontre son ancien valet Figaro. Celui-ci est devenu barbier et se rend souvent chez Bartholo. Figaro, rusé et ingénieux, imagine un stratagème pour qu'Almaviva puisse entrer chez Bartholo et voir Rosine. Il devra se déguiser en militaire.

h) Bartholo rentre chez lui sans avoir trouvé le notaire. Chez lui, il trouve Rosine, Almaviva, Figaro, Basile et... le notaire. L'acte de mariage entre Rosine et Almaviva est signé. Les deux témoins sont Figaro et... Basile !

i) Mais pendant la leçon de musique, Basile arrive, à la surprise de tous. Almaviva réussit à l'éloigner en lui donnant de l'argent en cachette.
Bartholo commence à se méfier.

- ***À vous maintenant de présenter une pièce de théâtre que vous aimez. Faites le portrait physique et moral des personnages et résumez la pièce.***

12. ***Rédigez les lettres.***

a) les conseils d'un père (ou d'une mère).

Votre fils (ou votre fille) a réussi au bac et vient d'entrer à l'université. Mais il a été obligé de s'inscrire dans une université très éloignée du petit village que vous habitez. Vous n'allez plus voir votre fils que deux fois par an.
Vous ête un peu inquiet. Va-t-il pouvoir se débrouiller ?
Écrivez-lui pour lui donner des conseils.

b) la réponse du fils (ou de la fille).

Le fils (ou la fille) répond à la lettre de ses parents. Il (elle) les rassure.

13. ***Choisissez votre spectacle ! Vous êtes à Paris et vous n'avez pas du tout envie d'aller voir une pièce sérieuse. Voici quelques spectacles de boulevard. Quel est celui qui vous détendra le plus ?***

36 EDGAR (100 places) 58, bd Edgar-Quinet (14e). 43.20.85.11. M° Edgar-Quinet, Montparnasse. Réservation seulement par téléphone de 14h à 19h30, Sam 14h30 à 19h30. **Accessible aux handicapés.** Pl : 70 F. Etud : 50 F sf Sam. Lun tarif unique : 50 F. Forfait 2 spectacles sf Ven et Sam : 100 F. Plein tarif veille et jours de fête. Relâche Dim.
A 20h15 :
Les Babas cadres
de Christian Dob. Avec Xavier Letourneur ou Didier Caron et Christophe Rouzand, Auguste Géronimi ou Jean-Marie Peneau.
Deux cadres échappés de la ville vivent isolés dans une ferme du Cantal, l'un faisant de l'élevage, l'autre de l'artisanat. Une farce de notre époque.
A 22h. Séance supplémentaire à 23h30, après confirmation
Nous on fait où on nous dit de faire
de Michel Bonnet, Françis Rondwasser, Stéphane Hillel, Jacques Brière. Avec en alternance Christophe Le Masne, Lolo Zazar, Jean-Pierre Fragnaud, Rémi Laurent, Y. Guerrand.
Une série de sketches où les personnages traitent par l'absurde et la dérision des situations de la vie quotidienne.

37 ESPACE EUROPEEN 5, rue Biot (17e). M° Place de Clichy. 42.93.69.68. Pl : 100 F. Tarif réduit : 70 F. Location t.l.j. sf Dim de 11h à 18h.
A 18h30 du mardi au samedi. Jusqu'au 3 juin :
La Bonne Année
de Nadine Piffet.
Pièce en acte et quinze chansons, aux croisées de la chanson, de la danse et du théâtre.

38 ESSAION DE PARIS (80 places) 6, rue Pierre-au-Lard, angle 24, rue du Renard (4e). 3615 Code PSTL. 42.78.46.42. M° Rambuteau, Hôtel-de-Ville.
Salle 1. A 21h du Mar au Sam. Relâche. Dim. et Lun. Pl. 90 F et 60 F. Dernière le 3 juin.
Thomas B.
de Jacques Kraemer. Mise en scène Avec Denis Manuel.
Cela fait 3 ans et 4 mois que jour après jour l'auteur dramatique bien connu Thomas B. s'installe à sa table de travail pour tenter vainement d'écrire le premier mot de sa prochaine pièce. Mais ce jour-là n'est pas un jour comme les autres...

70 SAINT GEORGES (498 places) 51, rue St-Georges (9e). 48.78.63.47 et 42.81.05.43. M° St-Georges.
Location de 11h à 19h, 13 jours à l'avance. Pl : 100 à 200 F. Soirée à 20h45. Mat. Dim 15h. Relâche Dim soir et Lun. **Dernière le 4 juin.**
Drôle de couple
de Neil Simon. Adaptation Albert Husson. Mise en scène Jean-Luc Moreau. Avec Jacques Balutin, Daniel Prévost, Julien Cafaro, Etienne Draber, Jean-Pierre Gernez, Kelvine Dumour, Sylvie le Brigant.
Deux divorcés sympa retrouvent la vie de bohême, mais constatent rapidement qu'une femme, ça a quand même du bon.

59 NOUVEAUTES (580 places) 24, Bd Poissonnière (9e). 47.70.52.76. M° Montmartre. Location de 11h à 19h. Sur place et par téléphone. Pl. : 90 à 230 F. Soirée 20h30 sf Sam, Dim, Lun et Mar et Mer (sf le 3 mai). Mat. Dim 15h, Sam 15h30, 18h30 et 21h30. **Fermeture annuelle du 4 juin au 10 juillet inclus :**
Le Grand standing
de Neil Simon. Adaptation Raymond Castans. Mise en scène Michel Roux. Avec Jean Lefebvre, Rachel Boulanger, Christiane Muller, Janine Souchon, Henri Poirier.
Sur une famille unie et heureuse, une catastrophe va s'abattre, qui va pourtant déclencher des cascades de rire.

132 BLANCS-MANTEAUX 15 Rue des Blancs-Manteaux (4e). M° Hôtel de Ville ou Rambuteau. Réserv. tlj à partir de 17h. 48.87.15.84. Pl : 60 F. Etud. 50 F. Lun 40 F. Forfait 2 spect. sf Sam et fêtes : 100 F. **Relâche Dim.**
Salle I. A 20h15 :
Areu = MC2
de Gérard Hernandez et Marc Moro. Avec Ursule Pivert ou Elisa Maillet, Stiti, Eric Aubrhan.
Einstein revu et corrigé par Billy The Kid ou une journée dans la vie de trois enfants qui n'en finissent pas de refaire le monde.
Salle I. A 21h30.
Les Epis noirs
Trois poules aux gueules d'enfer dans un show naïf, malicieux et drôle. Un trio irrésistible, et un grand sens du comique.

Pariscope, n° 1097

☐ *Oral*

14. ***Ils choisissent. Jouez les scènes.***

a) Il achète une veste.

b) Elle achète un livre pour sa fille.

15. ***On les rassure. Jouez les scènes.***

a) Il entre en scène. Il a le trac. Elle le rassure.

b) Il part en vacances pour six mois. Il la rassure. Elle le rassure.

❑ Compléments

16. ***Améliorez votre diction. Voici quelques phrases que les comédiens s'entraînent à prononcer pour avoir une bonne diction.***

- Tonton, ton thé t'a-t-il ôté ta toux ?
- Si ton tonton tond mon mouton, ton tonton tondu sera.
- Qu'a bu l'âne au lac ? L'âne au lac a bu l'eau.
- Ce verrou bien verrouillé, le dévérrouilleriez-vous ?
- Un chasseur qui chassait faisait sécher ses chaussettes sur une souche sèche.
- Je veux et j'exige que vous sachiez chasser.

17. ***Voici des lieux de spectacle. Si vous étiez metteur en scène, quelles pièces aimeriez-vous y monter ?***

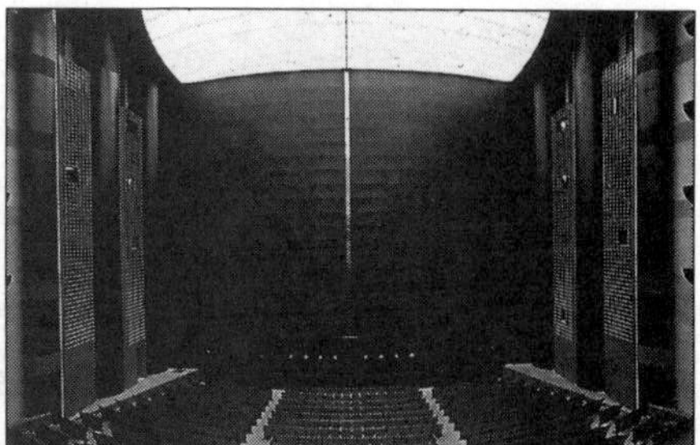

Leçon 4

❑ Vocabulaire

1. ***Meubles et objets divers. Lisez ces petites annonces. Aidez ces personnes à trouver l'objet dont elles ont besoin.***

- Hélène reçoit beaucoup de coups de téléphone. Mais elle va partir quinze jours en vacances.
- Michel est un amateur de meubles anciens.
- Agnès attend un bébé pour le mois prochain.
- A côté de son garage, Patrice se fait construire une salle de jeux.
- Sandrine a 10 ans. Ses parents ont décidé de lui faire faire de la musique.

Et vous, êtes-vous intéressé(e) par une de ces annonces ?

BONNES OCCASIONS

- Vds télé couleur 67 cm, très belle image, 750 F et une 1 000 F. Tél. 66.28.00.83
- Vds piano droit ancien, cordes croisées, mécanique à lames, cadre fer, excellent état. Tél. 66.23.41.12
- Vds Encyclopédia Universalis, erreur rens. tél. édition 84, état neuf, 22 volumes. Tél. 67.82.48.07 entre 8 h 10 h et le soir
- Vds planche à voile, excellent état, 1 200 F. Tél. 66.62.18.19
- Cse dble emploi, à saisir superbe salon 3 pces Louis XV merisier massif, 2 ans d'âge, valeur 16 900 F vendu 8 000 F, facilités paiement. 67.70.72.95 HR et ap. 18 h
- Vds diamant demi taille (2 × 2 carats, 5 + 8 plus petit) et très belle broche ancienne diamant perles rubis. Écrire au journal 30 hebdo, 16 Bd Gambetta 30000 Nîmes réf. 859/605
- Vds frigo Brandt, hauteur 80 cm, BE de marche, px 500 F. Tél. 66.20.18.44 le soir ap. 18 h
- Vds raquette de tennis Rossignol, mod. F. 200, 350 F. Tél. 66.20.20.61
- Vds billard français, occasion, bois massif, BE. Tél. 67.21.49. 66 HR
- Vds répondeur-enregistreur à interrogation à distance tip, 1 000 F à débattre. Tél. 66.70.17.48
- Vds appareil gym Adam-s'trainer, état neuf, 400 F. Tél. 66.64.54.62 HR
- Vds chaîne Pathé Marconi, 2×40 w comportant 1 platine disques, 1 ampli, 1 tuner, 1 cassette, 2 enceintes, TBE de neuf, prix 3 500 F à débattre. Tél. HR 66.36.21.69
- Vds superbe jument Camargue, 12 ans, conv. débutant, 6 000 F. Tél. 66.21.49.91
- Vds lit bébé, commode, matelas, 800 F, couffin 200 F, siège auto 300 F, chaise haute 150 F, divers. acc. 150 F le tout. Tél. 66.01.27.77. Calvisson
- Vds labo photo agrd. durst N370 color+nb access. état neuf, px 3 500 F, avec garant. Curieux s'abstenir. Tél. 66.64.81.78

2. ***Le logement. Complétez avec le vocabulaire approprié.***

Depuis la naissance de Valérie, l'appartement de M. et Mme Hernandez est devenu trop petit. Ils décident de ...... Ils commencent leurs recherches, ouvrent leur journal à la page des ......, téléphonent aux ...... ou aux ...... Ils voudraient trouver un appartement dans un ...... moderne du centre-ville. Ils ne souhaitent pas acheter, ils veulent seulement ...... Finalement, ils découvrent ce qu'il leur faut. Mais le prix est un peu élevé. En discutant avec le ......, ils réussissent à faire ...... le prix. Quelques jours après, ils signent un ...... de cinq ans. Ils vont pouvoir ......

3. ***Le décor. Vous êtes metteur en scène et vous devez faire le décor de ces pièces de théâtre. Imaginez les espaces, la décoration, les meubles et les objets.***

- ***Huis clos*** **(1944) de Jean-Paul Sartre.**

Trois personnes, Inès, Estelle et Garcin sont morts. Ils se retrouvent en enfer et découvrent que l'enfer n'est qu'une grande pièce où ils sont enfermés tous les trois pour l'éternité.

- ***Le Jeu de l'amour et du hasard*** **(1730) de Marivaux.**

Dorante se rend chez sa fiancée qu'il ne connaît pas encore (ce sont les parents qui ont arrangé le mariage). Pour pouvoir observer et juger la jeune fille, il échange son nom et ses vêtements avec ceux de son valet Arlequin. Mais sa fiancée, Sylvie, a eu la même idée. Elle a échangé son rôle avec celui de sa servante Lisette. La pièce se déroule dans la maison de Sylvie.

4. ***Les sens du verbe*** **rendre.**

a) sens de cause. Transformez.

Il a été triste à cause de son échec → *Son échec l'a rendu triste.*

Elle a retrouvé sa gaieté pendant les vacances → . . . . . .
Jacqueline est heureuse avec Pierre → . . . . . .
Il a reçu d'elle une lettre de rupture. Il était comme fou → . . . . . .
Il est nerveux parce qu'il attend son résultat depuis dix jours → . . . . . .

b) les autres sens. Donnez le sens du verbe « rendre » dans les phrases suivantes.

- Je lui ai donné un billet de 100 francs. Il m'*a rendu* la monnaie.
- Il était fatigué. Deux mois de vacances lui ont *rendu* ses forces.
- J'ai prêté ma voiture à Sylvie. Elle me la *rendra* demain.
- Les Martin nous ont invités le mois dernier. Nous devons leur *rendre* leur invitation.
- Tous les matins, il *se rend* à son bureau à bicyclette.

☐ Grammaire

5. ***Le pronom « y ». Complétez par une phrase en utilisant le pronom qui convient.***

Dialogue entre une mère et son fils, la veille du jour de l'an.

– Patrick, tu es allé acheter les cartes de vœux ?

– Oui, maman, ...

– Tu as écrit ces cartes ?

– Oui, ...

– Tu as pensé à mettre les adresses sur les enveloppes ?

– Oui, ...

– Tu as fait attention à l'orthographe ?

– Oui, ...

– Tu n'as pas oublié d'envoyer une carte à l'oncle Bergaud et à Mireille ?

– Non, ...

– Et tu as pensé à Jacqueline et à Michel ?

– Oui, ...

6. *Le gérondif. Remplacez la proposition contenant le gérondif par une proposition commençant par « quand », « si », ou « parce que ».*

- En faisant vérifier régulièrement votre voiture, vous n'aurez jamais de problèmes.
- En jouant au casino, il s'est ruiné.
- En arrivant chez eux, j'ai vu que les volets étaient fermés.
- En roulant comme un fou, vous allez avoir un accident.
- En entrant dans son appartement, j'ai tout de suite remarqué la photo d'Isabelle.
- En travaillant quinze heures par jour, vous allez vous rendre malade.

Exemple : ***Si vous faites vérifier régulièrement votre voiture, vous ......***

7. *Le participe présent et le gérondif. Remplacez les groupes soulignés par un participe présent ou un gérondif.*

- Quand il chante, il s'accompagne d'une guitare.
- Elle m'a dit bonjour avec le sourire.
- Il a ouvert la porte d'une forte poussée.
- Je connais toutes les personnes qui habitent mon immeuble.
- Les familles qui ont au moins deux enfants bénéficient d'une allocation.
- Il s'est habillé avec précipitation.

8. *L'adjectif verbal. Transformez la phrase et caractérisez le mot souligné par un adjectif formé d'après un verbe.*

Ses yeux brillent → *Elle a les yeux brillants.*

Ces enfants m'amusent.
Cette promenade m'a fatigué(e).
C'est un quartier où il y a beaucoup de bruit.
Il a dit des paroles qui m'ont blessé(e).
Elle fait des réflexions qui étonnent.
Ces secrétaires ont toujours le sourire.

9. *Les formes impersonnelles. Portez un jugement sur les faits suivants en utilisant les adjectifs de la liste.*

Exemple : Il est nécessaire/important/intéressant d'aller voir le dernier film de Resnais.

utile/inutile	a - aller voir le dernier film de Resnais.
intéressant/pas intéressant	b - faire du sport tous les jours.
bon/mauvais	c - faire un doctorat en deux ans.
nécessaire/pas nécessaire	d - visiter les musées de Rome.
obligatoire/facultatif	e - apprendre à jouer d'un instrument de musique.
important/superflu	f - lire le journal tous les jours.
facile/difficile	g - avoir un gros chien dans un studio de 20 m^2.
possible/impossible	h - avoir un garage ou un parking près de son logement.
pratique/pas pratique	i - regarder la télé tous les soirs.

10. ***Le subjonctif après les verbes de sentiment. Dites votre sentiment.***

Je suis content(e)
satisfait(e)
heureux(se)
enthousiasmé(e)
déçu(e)
triste...
désolé(e)
désespéré(e)
Ça me fait plaisir...

a) Je suis très content(e) que votre fils soit guéri.

11. ***Les expressions impersonnelles. Complétez avec « il » ou « ça ».***

- ...... s'est produit une explosion devant le n° 8 de la rue de Lille.
- J'ai entendu le bruit d'une explosion. .... venait de la rue de Lille.
- Jacques Bernaud était candidat aux élections. ...... lui a manqué dix voix pour être élu.
- ...... est arrivé une catastrophe dans la station des Arcs. Une cabine du téléphérique s'est décrochée. ...... n'était jamais arrivé.
- Tu as mangé la moitié de la boîte de biscuits. .... suffit !

Écrit

12. ***Dans son roman* Les Choses *(1965), Georges Perec raconte les difficultés matérielles que rencontre un jeune couple d'intellectuels. En particulier, le problème du logement.***

Pour une superficie totale de trente-cinq mètres carrés, [...], leur appartement se composait d'une entrée minuscule, d'une cuisine exiguë, dont une moitié avait été aménagée en salle d'eau, d'une chambre aux dimensions modestes, d'une pièce à tout faire – bibliothèque, salle de séjour ou de travail, chambre d'amis – et d'un coin mal défini, à mi-chemin du cagibi et du corridor, où parvenaient à prendre place un réfrigérateur de petit format, un chauffe-eau électrique, une penderie de fortune, une table, où ils prenaient leurs repas, et un coffre à linge sale qui leur servait également de banc.

a) Dessinez le plan de cet appartement.

**b) Est-il difficile de se loger dans votre pays ?
Quels problèmes rencontre-t-on ?**

13. ***Florent, un jeune musicien violoniste d'une petite ville de province a décidé de quitter sa ville, ses parents et ses amis pour tenter sa chance à Paris. Il y rencontre beaucoup de problèmes et sa vie n'est pas facile.***

Rédigez la lettre qu'il envoie à un ami pour lui raconter ses deux premiers mois à Paris.

14. ***Quelques déclarations d'amour dans la littérature française.***

Julien est le secrétaire de M. de La Mole. Il voudrait séduire la fille de ce dernier, Mathilde, mais il hésite à faire le premier pas.

De son côté Mathilde, jeune fille romanesque, veut avoir une aventure avec Julien. Les deux jeunes gens s'observent et s'écrivent.

A cinq heures, Julien reçut une troisième lettre ; elle lui fut lancée de la porte de la bibliothèque. Mademoiselle de La Mole s'enfuit encore. Quelle manie d'écrire ! se dit-il en riant, quand on peut se parler si commodément. L'ennemi veut avoir de mes lettres, c'est clair, et plusieurs ! Il ne se hâtait point d'ouvrir celle-ci. Encore des phrases élégantes, pensait-il ; mais il pâlit en lisant. Il n'y avait que huit lignes :

« J'ai besoin de vous parler ; il faut que je vous parle, ce soir ; au moment où une heure après minuit sonnera, trouvez-vous dans le jardin. Prenez la grande échelle du jardinier près du puits ; placez-la contre ma fenêtre et montez chez moi. Il fait clair de lune : n'importe. »

Le Rouge et le Noir, Stendhal (1830)

En vacances dans un hôtel de bord de mer, Gérard est fasciné par une femme d'une très grande beauté, Dolorès. Il lui avoue ses sentiments.

« Allons, Gérard, vous êtes une bonne tête. Ne croyez pas que je me moque de vous. Votre aveu, tout à l'heure, m'a touchée infiniment. Mais tout ceci est impossible. Ne m'en veuillez pas, Gérard, souvenez-vous de moi. Je vous ai donné la plus grande preuve de confiance. Mais ne vous mêlez pas à un jeu qui vous rejette. Vous savez bien que tout cela est impossible.

– Je vous aime, Dolorès.

– Vous êtes un ami très cher. Avec ce mot, vous en savez assez sur moi pour ne pas croire que je vous jette un dédommagement vulgaire. Adieu, Gérard, et pourtant nous nous reverrons peut-être – qui sait ? Mais il faut nous séparer maintenant.

– Je ne puis rien sur vous : la parole même du désespoir. Mais je me souviendrai de vous comme je vous aime. »

Elle le baisa au front.

« Allez maintenant. Et souvenez-vous du premier mot d'ordre des sociétés secrètes.

– C'est-à-dire ?

– Le secret. »

Un beau ténébreux, Julien Gracq (1945)

Germain, un paysan de plus de 30 ans, et Marie, une très jeune fille, habitent le même village du Berry.

Malgré leurs différences d'âge et de condition sociale, Germain et Marie se sentent proches l'un de l'autre.

Le temps passe. Mais un jour, Germain, craintif et hésitant, commence à parler à Marie...

Germain parlait comme dans un rêve sans entendre ce qu'il disait. La petite Marie tremblait toujours ; mais comme il tremblait encore davantage, il ne s'en apercevait plus. Tout à coup elle se retourna ; elle était tout en larmes et le regardait d'un air de reproche. Le pauvre laboureur crut que c'était le dernier coup, et, sans attendre son arrêt, il se leva pour partir ; mais la jeune fille l'arrêta en l'entourant de ses deux bras, et, cachant sa tête dans son sein :

« Ah ! Germain, lui dit-elle en sanglotant, vous n'avez donc pas deviné que je vous aime ? »

La Mare au diable, George Sand (1846)

Hugolin, un paysan d'une quarantaine d'années vit en solitaire dans un coin perdu et désolé des Alpes du Sud. Il a été méchant et malhonnête envers les parents de Manon, de vingt ans plus jeune que lui. Maintenant, il suit la jeune fille dans la montagne et lui crie son amour.

Soudain, une voix déchirante cria deux fois son nom.

Elle s'arrêta, regarda derrière elle, puis leva la tête : elle le vit là-haut, penché au bord de l'à-pic contre le ciel.

Il criait :

« Manon ! Ne cours pas ! Écoute-moi une minute ! Manon, c'est pas vrai ! C'est pas pour te faire travailler ! C'est parce que je t'aime ! Manon, je t'aime ! Je t'aime d'amour ! »

Ces cris qu'il arrachait de sa poitrine rebondissaient d'échos en échos, et de l'autre côté du vallon les plaques de roche gémirent quatre fois « amour ».

La fille stupéfaite regardait ce pantin gesticulant. Elle en restait la bouche ouverte de surprise et de dégoût.

Il criait toujours :

« Manon ! J'ai pas osé te le dire de près, mais j'en suis malade ! Ça m'étouffe ! Et il y a longtemps que ça m'a pris ! C'était aux Refresquières, après le gros orage ! Je m'étais caché pour les perdreaux... Je t'ai vue quand tu te baignais dans les flaques de la pluie... Je t'ai regardée longtemps, tu étais belle. J'ai eu peur de faire un crime ! Je suis parti sous les genêts, et toi tu m'as lancé des pierres ! »

Manon des Sources, Marcel Pagnol (1953)

Dans chaque extrait

a) qui fait (ou a fait) le premier pas ?

b) caractérisez l'attitude des personnages.

❑ *Oral*

15. ***Imaginez des déclarations d'amour. Rédigez les dialogues et jouez les scènes.***

Officiel

Pressé

Romantique

Périlleux

Compléments

16. *Commentez ces pensées sur l'amour.*

L'Amour n'est pas un sentiment, c'est un art
Paul Morand (écrivain - 1888-1976)

L'amour comporte des moments vraiment exaltants. Ce sont les ruptures
Jean Giraudoux (1882-1944)

L'homme ne peut aimer sans s'aimer
Albert Camus (1913-1960)

La raison d'aimer, c'est l'amour
Saint-Exupéry (1900-1944)

L'amitié est plus souvent une porte de sortie qu'une porte d'entrée de l'amour
Gustave Le Bon
Médecin et sociologue (1841-1931)

Être amoureux, c'est voir dans celui ou dans celle qu'on aime ce qu'on y souhaite et non pas ce qu'on y trouve.
Paul Reboux
(écrivain – 1877-1963)

17. *Les répliques théâtrales célèbres.*

Connaissez-vous l'origine de ces répliques célèbres ?

a) « Mon royaume pour un cheval. »
b) « L'enfer, c'est les autres. »
c) « Ah ! ne puis-je savoir si j'aime ou si je hais. »
d) « Et le combat cessa faute de combattant. »
e) « Que diable allait-il faire dans cette galère ? »
f) « Être ou ne pas être. C'est là, la question. »
g) « Il fallait un calculateur. Ce fut un danseur qui l'obtint. »
h) « Bon appétit Messieurs ! »
i) « Je suis celle que l'on veut que je sois. »
j) « Qu'est-ce que la vie ? une illusion, un songe, une fiction... »

- Beaumarchais, *Le Mariage de Figaro*
- Calderon, *La Vie est un songe*
- Corneille, *Le Cid*
- Hugo, *Ruy Blas*
- Molière, *Les Fourberies de Scapin*
- Pirandello, *Chacun sa vérité*
- Racine, *Andromaque*
- Sartre, *Huis clos*
- Shakespeare, *Hamlet*
- Shakespeare, *Richard III*

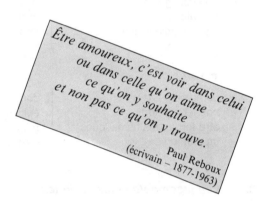

Leçon 5

❑ Vocabulaire

1. ***Le sens des adjectifs* dur/doux - fort/faible - grave/aigu. *Trouvez un adjectif synonyme pour chaque emploi.***

• Dur

un exercice dur	impitoyable
un climat dur	difficile
un steak dur	résistant
une personne dure	rigoureux

• Doux

une voix douce	agréable
un plat doux	harmonieux(se)
un tissu doux	fin
un climat doux	sucré

• Grave

une voix grave	bas(se)
un sujet grave	sérieux(se)
une maladie grave	important(e)

• Aigu

un son aigu	fin(e)
une douleur aiguë	haut(e)
une pointe aiguë	précis(e)
	fort(e)

• Fort

un homme fort	doué(e)
une femme forte	épicé(e)
être fort en mathématiques	robuste
un plat fort	gros(se)

• Faible

un bruit faible	fragile
un caractère faible	indécis(e)
un enfant faible	léger(ère)
une démonstration faible	insuffisant(e)

2. ***Les jugements et les critiques.***

Ils parlent d'une pièce de théâtre qu'ils viennent de voir. Quel verbe correspond à ce qu'ils disent ?

A- CETTE PIÈCE EST EXCELLENTE ET MÊME GÉNIALE ! LES COMÉDIENS SONT TRÈS BONS. LA MISE EN SCÈNE...
L'INTERPRÉTATION DE JACQUES DUMONT MANQUE DE JUSTESSE. IL A POURTANT UNE BELLE VOIX MAIS... -C
B- LA PIÈCE COMPORTE TROIS ACTES DE DURÉE ÉGALE. NOUS ALLONS SUCCESSIVEMENT EXAMINER LES TROIS ACTES. LE PREMIER SE PASSE À THÈBES...
LA MISE EN SCÈNE DE BERNARD DELUMEAU ME FAIT PENSER À UNE MISE EN SCÈNE DE BRECHT QUE J'AI VUE EN... -E
D- CETTE PIÈCE EST NULLE ! C'EST UN "NAVET" !!

analyser
commenter
critiquer
démolir
louer
vanter

3. *L'entreprise. Établissez des correspondances entre les personnes et leur(s) fonction(s).*

le P.D-G.
le directeur commercial
le chef des projets
le comptable
le service des expéditions
la secrétaire du directeur
la dactylo
le client

- créer de nouveaux produits
- analyser la concurrence
- payer les factures
- payer le personnel
- taper les lettres
- envoyer les factures
- présider la réunion des chefs de service
- passer une commande
- envoyer les paquets, etc.

4. *Les manifestations. Lisez le calendrier des manifestations régionales dans le Nord de la France.*
***Rédigez le calendrier des manifestations dans votre ville* (fêtes-foire-exposition, etc.).**

PRINCIPALES MANIFESTATIONS DANS LE NORD DE LA FRANCE

Date	Lieu	Nature de la manifestation
Dimanche avant Mardi gras	Dunkerque	Carnaval des pêcheurs
Lundi de la mi-carême	Hazebrouck	Grand cortège historique en costume d'époque. Feux d'artifice
11 au 12 avril	Lille	Foire internationale
24 juin	Dunkerque	Kermesse de la Saint-Jean. Défilé folklorique international
15 juillet-15 août	Abbaye-de-Trois-Fontaines	Spectacle « Son et lumière »
Début septembre	Lille	Grande Braderie.
2e quinzaine de septembre	Laon	Festival : « Les heures médiévales » (musique, théâtre, expositions)
Fin septembre	Brienne-le-Château	Journées gastronomiques de la choucroute, foire-exposition.

❑ Grammaire

5. *Le déroulement de l'action. Racontez le déroulement de la répétition en utilisant « se mettre à... », « être en train de... », etc.*

ORCHESTRE DE PARIS
Répétition du 18 décembre
9 h/10 h 30 - Concerto pour flûte de Mozart
10 h 30/11 h - Pause
11 h/12 h 30 - *Les Quatre Saisons* de Vivaldi

Demain 18 décembre, à 9 h, les musiciens . . . . . .

. . . .

A 10 h, ...

A 10 h 30, ...

A 11 h, ...

A 12 h 30, ...

6. *L'adverbe « déjà ». Répondez : « oui, ... », « non pas encore » ou « non jamais ».*

- Est-ce que vous êtes déjà monté en avion ?
- Est-ce que vous avez déjà piloté un avion ?
- Avez-vous déjà écrit une lettre d'amour ?
- Avez-vous déjà écrit un recueil de poèmes ?
- Êtes-vous déjà allé(e) en Chine ?

7. *L'adverbe « déjà ». Rédigez la question en utilisant « déjà ».*

- ...... ? – Non, je n'ai pas encore visité le musée du Louvre.
- ...... ? – Oui, il a vu la tour Eiffel, avant-hier.
- ...... ? – Non, nous n'avons pas encore pris le métro.
- ...... ? – Non, je n'ai pas encore fait la promenade en bateau sur la Seine.
- ...... ? – Oui, nous sommes allés à Montmartre hier soir.

8. *La forme interro-négative. Retrouvez la question.*

- N'inaugure-t-on pas le stade aujourd'hui ? – Si, on inaugure le stade.
- .... – Si, il y a beaucoup de monde.
- .... – Si, Raphaëlla y donne un concert.
- .... – Si, Monsieur Bouvet fait un discours.
- .... – Si, Raphaëlla a obtenu le disque d'or.
- .... – Si, ses chansons sont excellentes.

9. *Les pronoms « en », « y », « le ». Dites ce que représentent les mots soulignés.*

Le commissaire interroge un suspect :

Le commissaire : Un homme a été retrouvé mort derrière votre maison, mardi soir. Vous le savez ?
Le suspect : Oui, j'en ai entendu parler.
Le commissaire : Où étiez-vous mardi soir à 23 h ?
Le suspect : Dans une boîte de nuit. Au Perroquet vert.
Le commissaire : Je n'en suis pas sûr.
Le suspect : J'étais avec des amis. Téléphonez-leur. Ils vous le diront.
Le commissaire : Vous pensez à tout ! Ne vous inquiétez pas : je vais le faire. Vous allez souvent au Perroquet vert ?
Le suspect : Oui, toutes les semaines.
Le commissaire : Je vais vous apprendre une chose. Le Perroquet vert est fermé le mardi. Vous n'y aviez pas pensé. Hein ?
Le suspect : Ce n'est pas moi qui l'ai tué.
Le commissaire : C'est vous qui le dites. Bon. Reprenons. Où étiez-vous mardi soir ?

Exemple : Vous le savez → *Vous savez qu'un homme a été retrouvé...*

10. *Indicatif ou subjonctif après « que ». Mettez les verbes à la forme qui convient.*

Dialogue entre deux chômeurs.

Marc : Tu vois Rémi. Je crois que nous ne (trouver) jamais de travail ici. La ville est trop petite. Pour que nous (trouver) un emploi, il faut que nous (partir) d'ici et que nous (aller) dans une grande ville.
Rémi : Je pense que tu (avoir raison). Mais moi, je crois que je (aller) rester encore quelque temps ici. J'aime trop cette région...
Marc : Tant pis. Je regrette que tu ne (venir) pas avec moi. A deux, c'est toujours plus facile. Moi, ma décision est prise. Je partirai à la fin de l'été. Je suis sûr que dans un an tu (faire) comme moi.
Rémi : On verra. J'espère quand même que je (trouver) un emploi dans la région...

❑ Écrit

11. *Lisez cet article sur la carrière de la chanteuse Madonna.*

MADONNA
La vache enragée, elle sait vraiment ce que c'est !

On dit souvent que tel ou tel artiste a connu bien des galères avant de connaître la gloire, ou qu'il a « mangé de la vache enragée ». Mais les « galères » qu'a vécues Madonna dépassent tout cela de très loin. Songez qu'à 16 ans, quand elle débarque à Detroit, aux États-Unis, elle ne peut même pas se payer une chambre et qu'elle en est réduite à dormir... dans les salles d'attente de la gare des autobus ! Dans ces conditions, on comprend mieux qu'elle n'ait pas hésité à suivre un chanteur disco qui lui proposait de l'emmener à Paris. Mais dans la capitale française, rien ne s'arrange pour la future rockstar : elle est obligée de faire « la manche » dans le métro pour se payer un sandwich par jour. Et quand elle parvient enfin à retourner aux États-Unis, tout ce qu'elle trouve comme « job », ce sont des séances de pose pour des photos ou pour des dessinateurs, à un dollar l'heure.
Mais ces petits dollars, patiemment économisés, finissent par lui permettre de se payer le prix du voyage. Pour où ? Hollywood, bien sûr ! Et là, la « dèche » recommence. A tel point que lorsque enfin on lui propose un rôle dans un petit film, elle en est réduite pour survivre à ramasser les restes dans les assiettes à la cantine des studios. Elle touche le fond... Et c'est le miracle ! Car le petit film en question, c'est *Recherche Susan désespérément* qui, contre toute attente, va faire un malheur dans le monde entier. Cette fois Madonna est lancée et elle ne s'arrêtera plus !

Notes :
manger de la vache enragée : rencontrer de grosses difficultés pendant un moment de sa vie (familier).
une galère : gros problème, moment difficile (familier).
faire la manche : mendier (familier).
la dèche : la pauvreté (familier).
toucher le fond : être dans une situation financière ou psychologique très grave (familier).
faire un malheur : rencontrer un grand succès (familier).

L'Almanach 1989 de TF 1, © TF 1 Éditions

a) Notez les lieux où elle a vécu et les difficultés qu'elle a rencontrées.

b) Quel est l'événement qui a lancé la chanteuse ?

c) Connaissez-vous des personnalités (ou des personnages de la littérature) qui ont eu des débuts difficiles avant de devenir célèbres. Racontez leur vie.

12. *Rédigez un bref commentaire critique sur le spectacle d'un chanteur ou d'une chanteuse.*

Jugez :

- les paroles des chansons *(sujets originaux, poétiques, banals, etc.)* ;
- la mélodie et le rythme *(harmonie)* ;
- l'accompagnement *(type d'accompagnement, qualités des musiciens)* ;
- l'interprétation *(voix, gestes, costume(s) du chanteur ou de la chanteuse)* ;
- la mise en scène *(éclairages, effets spéciaux, décors)* ;
- les réactions du public *(comportements, commentaires)*.

13. *Analysez cet article. Ce que l'on dit de la chanson française s'applique-t-il à la chanson dans votre pays, dans les pays que vous connaissez ?*

ÉTAT DE LA CHANSON FRANÇAISE EN 1990

On a parfois l'impression, surtout en écoutant la radio, que la chanson anglo-saxonne a tendance à remplacer petit à petit la chanson française dans les goûts du public français.

Cela n'est vrai qu'en partie. Les variétés françaises représentent quand même 45 % des achats de disques contre 20 % pour les variétés anglo-saxonnes (16 % pour la musique classique).

Depuis quelques années, la chanson française est beaucoup plus présente dans les médias grâce à des chanteurs de talent comme Goldman, Gainsbourg, Renaud ou Berger ou à des groupes comme Gold, Rita Mitsouko ou Niagara.

La génération des années 70 s'attachait surtout aux mélodies et aux rythmes. Celle d'aujourd'hui s'identifie aux paroles quand elles reflètent ses inquiétudes et ses doutes face à la société contemporaine.

Le phénomène essentiel des années 80 restera le vidéo-clip. La qualité des images, la force de la musique et celle des effets spéciaux donne à ces mini-spectacles de trois minutes un formidable impact.

Gérard MERMET
Francoscopie, © Éd. Larousse

a) Ce phénomène est-il très fort dans votre pays ? Y êtes-vous favorable ? Qu'est-ce qui fait la force de la musique anglo-saxonne ?

b) Le texte est-il, pour vous, essentiel dans une chanson ?

c) Décrivez un vidéo-clip que vous aimez.

Les Visiteurs

Serge Gainsbourg

Renaud

❑ Oral

14. ***La vie des entreprises en France. Observez les tableaux ci-dessous.***

- **Quels sont les secteurs qui ont créé le plus d'emplois en 1988 ?**
- **Quels sont ceux qui en ont le moins créé ?**
- **Pouvez-vous expliquer ce classement des secteurs de l'économie ?**
- **Quels sont les secteurs de l'économie qui se développent dans votre pays ? Quels sont ceux qui sont en déclin ?**

LE HIT-PARADE DES SECTEURS CRÉATEURS D'EMPLOIS EN 1988

LES CHAMPIONS

RANG	SECTEURS	TOTAL RECRU-TEMENTS	EFFECTIFS SALARIÉS	RECRUTEMENT CADRE /1000 SALARIÉS
1	SERVICES INFORMATIQUES	15 600	116 498	134
2	INGÉNIERIE	4 400	136 404	32
3	AUTRES ÉTUDES-CONSEIL	11 000	402 607	27
4	PHARMACIE	1 650	74 337	22
5	MAT. BUREAU ET D'INFOR.	1 300	60 872	21
6	AUTRES SERVICES COLLECT.	5 600	373 743	15
7	PRESSE-ÉDITION	1 400	95 393	15
8	MATÉRIEL ÉLECTRONIQUE	3 300	245 203	13
9	CONSTRUCT. AÉRONAUT.	1 500	112 416	13

LES LANTERNES ROUGES

34	TEXTILE	900	224 735	4
35	CONSTRUCTION AUTO.	1 300	362 965	4
36	COMMERCE TRADITIONNEL	5 050	1 588 158	3
37	HÔTELLERIE-RESTAURATION	1 450	496 082	3
38	SIDÉRURGIE	510	177 387	3
39	CUIR-CHAUSSURE	220	81 757	3
40	ACTION SANIT. ET SOCIALE	2 950	1 102 099	3
41	CONSTRUCTION NAVALE	40	22 570	2
42	DISTRIBUTION MODERNE	610	392 849	2

SOURCE : CLASSEMENT **LE POINT** D'APRÈS LES CHIFFRES APEC SUR LE VOLUME DE RECRUTEMENTS CADRES PAR RAPPORT A L'ENSEMBLE DES SALARIÉS

Le Point, 30 janvier 1989

15. ***Créez votre entreprise*** (travail de groupe).

a) **Choisissez le type d'entreprise que vous souhaitez créer et justifiez votre choix** (existence de marché important, produit original, faible concurrence, etc.).

b) **Faites la liste des principales étapes de la création de votre entreprise** (recherche de capitaux, achat de locaux, etc.).

c) **Faites l'organigramme de votre entreprise** (voir *Nouveau Sans Frontières I,* p. 104).

d) **Réalisez votre première campagne publicitaire. Concevez :**

– une affiche,
– un message publicitaire pour la télévision,
– un message publicitaire pour la radio.

16. ***Imaginez des discours de présentation. Accueillez-les ! Parlez de leur carrière et de leur célébrité. Dites quelques mots pour présenter...***

sa conférence

son spectacle de magie

son récital

« Mesdames et Messieurs, j'ai le plaisir... ».

❑ Compléments

17. *Rébus. Trouvez deux proverbes français.*

SOUVENT, IL VAUT MIEUX SE TAIRE QUE PARLER

LA - PAS - ROLE - HAIE - D'ARGENT-MAI-LE-SCIE-LANCE-HAIE-DORT
LA PAROLE EST D'ARGENT MAIS LE SILENCE EST D'OR

CELUI QUI S'AGITE BEAUCOUP RÉCOLTERA PEU

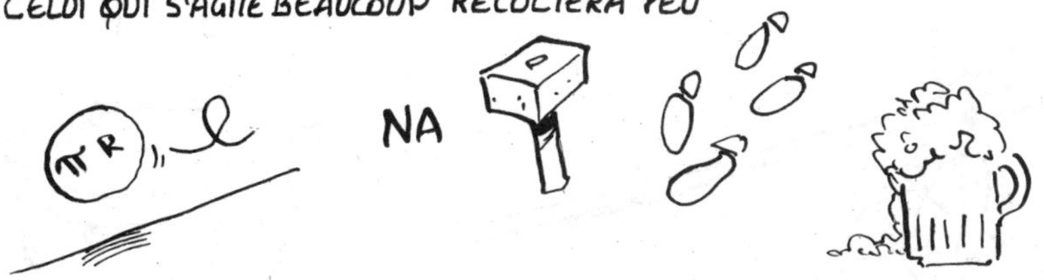

PI - R - QUI ROULE - NA - MASSE - PAS - MOUSSE
PIERRE QUI ROULE N'AMASSE PAS MOUSSE

18. *Mots croisés.*

	1	2	3	4	5	6	7
1							
2							
3					■		
4				■			■
5		■					
6						■	
7			■				
8							
9			■		■		

- **Horizontalement**

1 - Le juge des matches de football.
2 - Jaune, rouge, bleu, etc.
3 - Fait briller les meubles - Pronom réfléchi.
4 - Initiales de l'orientation est-sud-est - Le meilleur.
5 - Le verbe de l'amour.
6 - Quand la vague devient blanche.
7 - Participe passé de « rire » - La peinture, la musique, la danse, etc.
8 - Pour ranger les livres.
9 - Après do - Fin de mois.

- **Verticalement**

1 - Pour aller plus vite en voiture.
2 - Gouvernent les royaumes - Ville.
3 - Table de travail.
4 - Terre au milieu de la mer - Reproduction de la réalité.
5 - Pronom - N'est pas douce.
6 - Il habite à Moscou - Classement.
7 - Grande période - Stratagèmes.

Leçon 1

❑ Vocabulaire

1. ***Les objets. Imaginez ce que contiennent ces sacs. Ne citez chaque objet qu'une seule fois.***

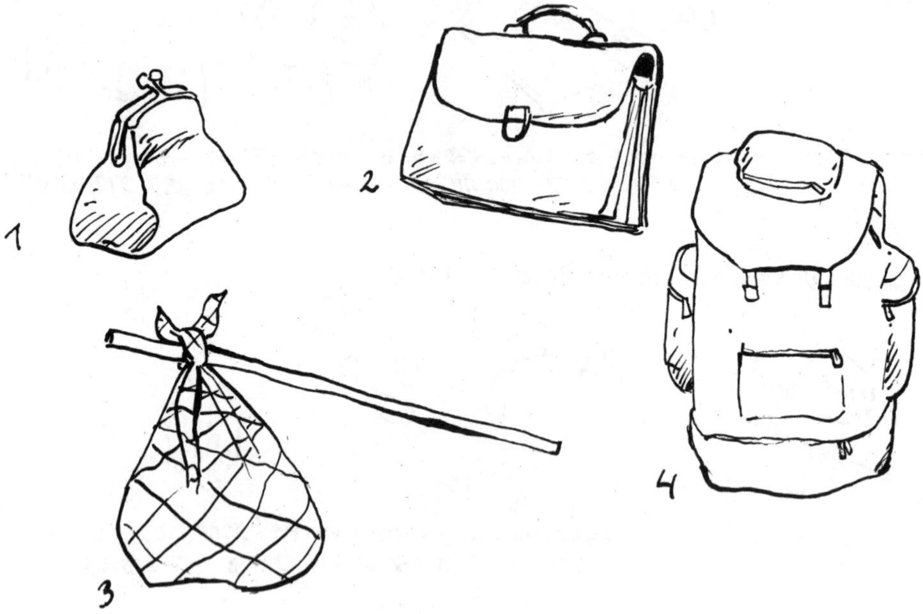

2. ***Les objets. Vous devez passer un an sur une île déserte. Vous avez le droit d'emporter dix objets.***
Lesquels choisiriez-vous ? Comparez votre liste avec celle de votre voisin(e).

3. ***Les caractères.***

a) Caractérisez ces comportements par un adjectif.

- Quand il a quelque chose à dire, il le dit sans hésiter. Il est *franc*.
- Elle ne pense qu'à son intérêt personnel. Elle est ......
- Il pense longtemps avant d'agir. Il est ......
- Elle croit tout ce qu'on lui dit. Elle fait naturellement confiance à tout le monde. Elle est ......
- Ses actes ne sont pas toujours en accord avec ses paroles. Il est ......

b) Donnez un exemple de comportement.

- Il est sournois . . . . . .
- Elle est désintéressée . . . . . .
- Il est étourdi . . . . . .
- Elle est rusée . . . . . .
- Il est sincère . . . . . .

4. ***Les vertus et les vices. Les peintres européens de la Renaissance ont souvent représenté les défauts et les qualités sous forme d'allégories.***

Voici quels étaient les principaux vices et les principales vertus.

les 7 vertus	les 7 vices
la foi l'espérance la charité la justice la prudence la force la tempérance	l'orgueil l'avarice la gourmandise l'envie la luxure la colère la paresse

- **Doit-on aujourd'hui modifier et compléter ces listes ?**
- **Quelle représentation symbolique choisiriez-vous pour représenter :**

– le pire des défauts ?
– la plus grande des qualités ?

5. ***Les voyages. Que signifient ces symboles ? Où peut-on les trouver ? Que fait-on dans ces lieux ?***

1.

2.

3.

4.

5.

6.

7.

8.

9.

Grammaire

6. ***Adjectifs et pronoms indéfinis. Remplacez les mots soulignés par « plusieurs », « la plupart (de) », « certains » ou « chacun ».***

- Il fait un temps épouvantable. Une dizaine d'élèves ne sont pas venus en cours.
- 27 élèves sur 30 ont réussi à leur baccalauréat.
- Quand j'étais à l'hôpital, deux ou trois collègues sont venus me voir.
- Elle a envoyé une invitation à tous ses amis sans exception.
- J'ai lu presque tous les romans de Balzac.

7. ***« Même » signifiant « aussi », « de plus ». Imaginez une suite à ces phrases en employant « même ».***

a) Emploi avec un verbe.

- Il cuisine très bien. Pour ce soir, il a préparé un délicieux repas ...... Il a même fait un gâteau.
- J'ai essayé de contacter Mireille par tous les moyens. J'ai téléphoné ......
- André a tout fait pour séduire Agnès. Il l'a invité au restaurant ......
- Patrice a beaucoup voyagé ......

b) Emploi avec un nom.

- Henri a lu toute l'œuvre de Balzac ...... même la pièce de théâtre que Balzac a écrite à 22 ans et que personne ne connaît.
- Jacques est un bricoleur. Il sait tout faire : la peinture, les petites réparations, ...
- Tout le monde est venu à la soirée de Michèle ......
- Elle a bien préparé son examen. Elle a tout révisé ......

8. ***Les indéfinis à la forme négative. Complétez le dialogue en employant « personne », « rien », « aucun », « pas un(e) ».***

Thérèse partage un appartement avec Irène.
Elle rentre de vacances.

Thérèse : Quelqu'un a téléphoné pour moi pendant mon absence ?
Irène : Non, ...
Thérèse : J'ai reçu des lettres ?
Irène : Non, ...
Thérèse : Pas même une carte postale ?
Irène : Non, ...
Thérèse : Des amis sont passés me voir ?
Irène : Non, ... mais tes parents sont venus.
Thérèse : Ils ont laissé quelque chose pour moi ?
Irène : Non, ...
Thérèse : Je vois qu'on m'oublie vite !

9. Les sens de « tout ». Dans ce texte, le mot « tout » apparaît avec des sens différents. Faites-en la liste (en donnant par exemple les différentes traductions possibles).

Jean est chez lui. Il attend Valérie, une collègue de bureau. Depuis trois mois, toutes les semaines, il lui a proposé de venir voir son appartement. Elle a enfin accepté. Jean est tout content mais un peu anxieux tout de même. Peut-être qu'elle ne viendra pas. Peut-être qu'elle ne restera que quelques minutes. Toute femme n'est-elle pas imprévisible ! En tout cas, il a tout prévu. Il a fait le ménage dans tout l'appartement. Il a rangé tous les vêtements qui traînaient. Il a mis des fleurs dans le salon et vérifié qu'il avait bien tous les apéritifs possibles. Tout est prêt... Heureusement d'ailleurs, car il est 17 h. Elle peut arriver à tout moment. Jean se penche à la fenêtre, regarde dans toutes les directions... Ce soir tout peut arriver, le meilleur comme le pire.

Écrit

10.

Un Homme, une Femme, Alchimie d'une rencontre.

Préférence
8 bis, rue Deves 92200 ***NEUILLY***

Votre vie professionnelle vous réussit. Mais vous isole. Soirées, week-ends, amis, relations : votre environnement est agréable. Mais ne vous suffit plus. Laisser faire le hasard ? Les ouvertures vous manquent pour découvrir spontanément celui ou celle que vous recherchez. Pourtant, ailleurs, d'autres mènent des vies parallèles à la vôtre. Et vous attendent comme vous les attendez.

Ensemble, nous allons vous faire rencontrer l'autre. Comment ? En vous écoutant, d'abord. Je ne crois pas aux coups de foudre par correspondance. Mon équipe et moi-même, nous avons besoin de vous connaître, de vous poser des questions, de discuter librement, confortablement installés dans nos locaux.

Après les premiers entretiens, vient l'essentiel de notre travail : le choix de celui ou celle qui convient le mieux à votre personnalité, à vos aspirations. Question d'expérience, bien sûr, mais l'intuition ne fait pas tout. Car notre métier repose avant tout sur une méthode.

Graphologues, morpho-psychologues, sociologues : *Préférence* réunit une équipe de professionnels qui apportent chacun leur éclairage à l'étude de votre profil, confrontent leurs analyses et déterminent ensemble le choix de vos rencontres.*

A vous de connaître ensuite la diversité des émotions réciproques. Et de leurs interprétations. Rencontre d'une vie ? C'est vous qui déciderez. Une chose est sûre : nous serons toujours là pour guider vos premiers pas vers l'autre. Et réaliser cette subtile alchimie de la rencontre réussie.

*Avec l'apport éventuel de l'audiovisuel.

PREFERENCE

a) Que propose l'agence « Préférence » ?

b) A qui s'adresse-t-elle ?

c) Quelle méthode utilise-t-elle ?

d) Comment pensez-vous rencontrer (ou avez-vous rencontré) l'homme / la femme de votre vie ?

SONDAGE
effectué sur la population française
Où avez-vous rencontré votre époux / votre épouse ?

Dans un bal	16 %
Chez des amis	15 %
Dans un lieu public	13 %
Au travail	12 %
Dans une association	8 %
Au lycée. A l'université	8 %
En vacances	5 %
Au cours d'une sortie ou d'un spectacle	5 %
Dans une discothèque	4 %
Dans une fête publique	3 %
Par une relation de voisinage	3 %
Par une annonce ou une agence matrimoniale	1 %

11. *Lisez les mésaventures du personnage tragi-comique de Plume créé par Henri Michaud.*

PLUME VOYAGE

Plume ne peut pas dire qu'on ait excessivement d'égards pour lui en voyage. Les uns lui passent dessus sans crier gare, les autres s'essuient tranquillement les mains à son veston. Il a fini par s'habituer. Il aime mieux voyager avec modestie. Tant que ce sera possible, il le fera.

Si on lui sert, hargneux, une racine dans son assiette, une grosse racine : « Allons, mangez. Qu'est-ce que vous attendez ? »

« Oh, bien, tout de suite, voilà. » Il ne veut pas s'attirer des histoires inutilement.

Et si, la nuit, on lui refuse un lit : « Quoi ! Vous n'êtes pas venu de si loin pour dormir, non ? Allons, prenez votre malle et vos affaires, c'est le moment de la journée où l'on marche le plus facilement. »

« Bien, bien, oui... certainement. C'était pour rire, naturellement. Oh oui, par... plaisanterie. »

Et il repart dans la nuit obscure.

Et si on le jette hors du train : « Ah ! alors vous pensez qu'on a chauffé depuis trois heures cette locomotive et attelé huit voitures pour transporter un jeune homme de votre âge, en parfaite santé, qui peut parfaitement être utile ici, qui n'a nul besoin de s'en aller là-bas, et que c'est pour ça qu'on aurait creusé des tunnels, fait sauter des tonnes de rochers à la dynamite et posé des centaines de kilomètres de rails par tous les temps, sans compter qu'il faut encore surveiller la ligne continuellement par crainte des sabotages, et tout cela pour... »

« Bien, bien. Je comprends parfaitement. J'étais monté, oh, pour jeter un coup d'œil ! Maintenant, c'est tout. Simple curiosité, n'est-ce pas. Et merci mille fois. » Et il s'en retourne sur les chemins avec ses bagages.

Et si, à Rome, il demande à voir le Colisée :

« Ah ! Non. Ecoutez, il est déjà assez mal arrangé. Et puis après Monsieur voudra le toucher, s'appuyer dessus, ou s'y asseoir...

« Bien ! Bien ! C'était... Je voulais seulement vous demander une carte postale, une photo, peut-être... si des fois... » Et il quitte la ville sans avoir rien vu.

Plume, Henri Michaux (1930)

a) Faites la liste des mésaventures de Plume.

b) Montrez que chaque incident est exagéré et absurde mais qu'il comporte une part de réalité. A quelle situation réelle peut faire penser chacune de ces mésaventures (par exemple la mauvaise humeur d'un serveur dans la scène du restaurant).

c) Le personnage de Plume vous rappelle-t-il quelqu'un ou un autre personnage de la littérature ou du cinéma ?

12. ***Racontez dans une lettre vos mésaventures de voyage.***

- **Imaginez une mésaventure (un incident, un accident, un malentendu, etc.) à chaque étape de votre voyage :** préparatif de départ – départ – trajet en taxi jusqu'à l'aéroport – embarquement – voyage en avion – passage à la police des frontières et à la douane – arrivée à l'hôtel – etc.

- **Faites le récit de ces mésaventures dans une lettre.**

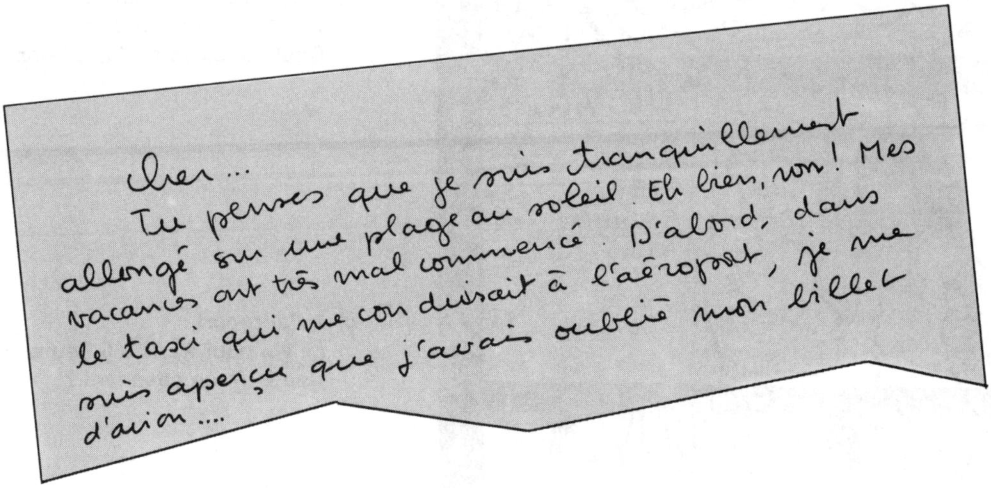
Cher ...
Tu penses que je suis tranquillement allongé sur une plage au soleil. Eh bien, non ! Mes vacances ont très mal commencé. D'abord, dans le taxi qui me conduisait à l'aéroport, je me suis aperçu que j'avais oublié mon billet d'avion ....

13. ***Comment préférez-vous voyager ?***

- en voyage organisé
- en voyage semi-organisé (seuls sont prévus les transports et l'hôtel)
- seul / avec un(e) ami(e) / avec plusieurs ami(e)s } en préparant votre voyage / sans préparer votre voyage
- seul, sans bagages (ou avec un bagage réduit) à l'aventure.

Justifiez votre choix. Interrogez votre voisin(e).

« J'aime bien partir seul . . . . . . mais ça dépend de . . . . . . »

14. ***Jouez les scènes. Préparez-vous pour un voyage en France.***

**a) Choisissez la région de France que vous allez visiter.
Demandez conseil à un(e) ami(e).
Demandez conseil à une agence de voyage.**

b) **Préparez vos bagages.**
Qu'allez-vous emporter ?
Quel temps va-t-il faire là-bas ?

c) **A l'aéroport :**
Le vol pour Paris a 6 heures de retard.
Que faire en attendant ?

d) **A l'arrivée :**
Vous n'avez pas de chance. Le douanier a des soupçons.

e) **L'aventure commence. Où aller ? Que faire ?**

15. *Les codes de la séduction en 1989.*

Un hebdomadaire français a fait en 1989 une enquête pour connaître ce qui séduisait (et ce qui ne séduisait plus) chez l'autre. Voici quelques conseils. Êtes-vous d'accord ? Sont-ils toujours valables ?

- **Conseils pour Elle**

– Portez des petits tailleurs, des bas et des chaussures à talons hauts,
– Portez des vêtements aux couleurs vives,
– Soyez brune,
– Abandonnez les couleurs noires et grises,
– Ne sont plus à la mode : le régime, le bronzage et les seins nus sur les plages.

- **Conseils pour Lui**

– Ayez le caractère du dur au cœur tendre,
– Roulez dans des voitures des années 70,
– Offrez des fleurs et faites lui la cour,
– Ne portez plus des vêtements de cuir,
– Coupez votre moustache et votre katogan,
– N'essayez pas de ressembler à un aventurier ou à un play-boy.

- **Conseils pour les deux**

Pour sortir :
– Sont à la mode : les petits restaurants traditionnels, les week-ends à la campagne, les côtes de l'Océan,
– Ne sont plus à la mode : les restaurants « nouvelle cuisine » et les côtes de la Méditerranée.

Pour être sûr de lui plaire :
– Le romantisme,
– La tendresse,
– La lettre d'amour,
– Le baiser,
– Laissez tomber l'alcool et le tabac,
– Ne dites plus le premier soir « on va chez toi ou chez moi ? »

❑ *Compléments*

16. ***Le profil psychologique selon les signes du zodiaque (à gauche les tendances positives, à droite les tendances négatives). Examinez votre profil et celui de vos ami(e)s ! Ce portrait est-il juste ?***

BÉLIER

Brave	Naïf
Énergique	Ostentatoire
Cordial	Excessif
Talentueux	Entêté
Entreprenant	Dominateur

CANCER

Imaginatif	Avare
Lucide	Colérique
Tenace	Possessif
Prévenant	Déprimé
Prudent	Hypersensible

VERSEAU

Clairvoyant	Excentrique
Original	Indifférent
Altruiste	Déprimé
Tolérant	Désobéissant
Indépendant	Cruel
Individualiste	

GÉMEAUX

Animé	Impatient
Perspicace	Bavard
Flexible	Cabotin
Eclectique	Versatile
Artiste	Indécis
Habile	Superficiel

VIERGE

Consciencieux	Perfectionniste
Distingué	Négatif
Pratique	Snob
Serviable	Méticuleux
Délicat	Inabordable

SCORPION

Dévoué	Impitoyable
Souverain	Fanatique
Magnétique	Rancunier
Inspiré	Soupçonneux
Tendre	Intransigeant
Discipliné	

LION

Noble	Arrogant
Puissant	Orgueilleux
Philanthrope	Tyrannique
Chaleureux	Libertin
Protecteur	
Loyal	

BALANCE

Juste	Querelleur
Esthète	Intriguant
Charmant	Hésitant
Équilibré	Voluptueux
Idéaliste	Distrait
	Bavard

CAPRICORNE

Résolu	Rigide
Sage	Maladroit
Ambitieux	Prétentieux
Généreux	Solitaire
Solide	Anxieux

TAUREAU

Ardent	Partial
Déterminé	Intransigeant
Travailleur	Gourmand
Patient	Vaniteux
Logique	Jaloux
Sensuel	

SAGITTAIRE

Optimiste	Imprudent
Libéral	Simple
Gentil	Changeant
Honorable	Insouciant
Raisonnable	Contradictoire
Franc	

POISSONS

Compréhensif	Modeste
Observateur	Timide
Créatif	Fier
Réfléchi	Irrésolu
Malléable	Râleur

Suzanne White, *La double Astrologie*, © Robert Laffont

Leçon 2

❑ Vocabulaire

1. ***Les dommages et les détériorations. Comment les choses suivantes peuvent-elles être détériorées ?***

Exemple : Une chemise peut être déchirée quand on se bat. Elle peut être trouée par une cigarette.

- une chemise
- la carrosserie d'une voiture
- une lettre
- une poche
- un bouton
- un pneu
- un verre
- un tuyau
- un moteur
- un mur
- un miroir

abîmé(e)
brisé(e)
brûlé(e)
cassé(e)
décousu(e) (découdre)
déchiré(e)
enfoncé(e)
fendu(e) (fendre)
percé(e)
troué(e)

2. ***Les actions. Trouvez cinq actions qu'ils ont faites avant et cinq actions qu'ils vont faire après.***

a) Ils ont pris un petit déjeuner léger. Ils ont enfilé un maillot de coton, un short et des chaussures de course...

a)

b)

c)

3. *La voiture. Imaginez le script d'une séquence de film : une course poursuite entre deux voitures. Détaillez les mouvements des deux voitures et les péripéties de la poursuite.*

Plan 1 : Dans son rétroviseur, le conducteur de la voiture A aperçoit la voiture B.

Plan 2 : Le conducteur de la voiture A appuie sur l'accélérateur.

4. *L'hôtel. Comparez ces deux hôtels. Où préfèreriez-vous passer une semaine de vacances ?*

HÔTEL BEAURIVAGE
(Deux étoiles)
Situé sur la plage, à 10 mn du centre ville

- *Chambres avec w.c. et s.d.b.* 15 – 250 F
- *Chambres avec douche* 10 – 200 F
- *Chambres avec cab. de toilette* 10 – 135 F
- *Restaurant*
- *Salon télévision*

Prix en pension complète 400 F par jour

HÔTEL L'HIPPOCAMPE
(Trois étoiles)
Situé à 500 mètres de la plage

- 80 chambres avec télé .... 450 F
- Restaurant panoramique au dernier étage
- Bar
- Piscine – Sauna
- Salle de conférence
- 2 salons

❑ Grammaire

5. *Expression de la durée dans le futur. Complétez en utilisant « dans », « en », « pour », « jusqu'à », etc.*

Michel : Tu ne prends pas de congés cette année ?

Alain : Si, je vais bientôt partir en vacances ...... un mois.

Michel : Quand est-ce que tu pars ?

Alain : ...... une semaine. Samedi prochain exactement. Je vais en Auvergne cette année. Je partirai le matin à 8 heures et ...... 4 heures je serai à Vichy. Je compte arriver vers midi. Je me reposerai à Vichy ...... une semaine. ...... cette semaine, j'irai visiter la région des anciens volcans. Le Puy de Sancy, le Puy de Dôme. Je resterai dans cette région ...... 20 août. Puis, je descendrai à Saint-Flour, dans le Cantal, et, ... la fin de mes vacances, je resterai dans la ferme d'un cousin.

Michel : Quand est-ce que tu rentreras ?

Alain : Je ne sais pas. Un ami qui passe ses vacances sur la côte d'Azur doit venir me voir à la fin du mois. Nous rentrerons ensemble à Paris. Je resterai donc ...... il arrive.

6. *Jusqu'à + subjonctif. Transformez comme dans l'exemple.*

Pierre arrivera à 8 heures. Je l'attendrai jusqu'à ce moment-là.
→ *J'attendrai Pierre jusqu'à ce qu'il arrive.*

- Nous rentrerons de vacances à la fin du mois. Tu peux occuper notre appartement jusqu'à ce moment-là.
- Je serai de retour à 18 heures. Attends-moi jusqu'à ce moment-là !
- Les émissions de télé finissent à 1 heure du matin. Il regarde la télé jusqu'à ce moment-là.
- Vous prenez le train à 17 heures. Je resterai avec vous jusqu'à ce moment-là.
- Tu feras cette lettre. J'y tiens. Je t'ennuierai jusqu'à ce moment-là.

7. *L'expression de la durée. Lisez ce dialogue et reconstituez le calendrier des activités de Gérard.*

La scène se passe à Marseille en décembre 1989. Deux amis qui ne se sont pas vus depuis deux ans se retrouvent.

Alain : Ça fait combien de temps qu'on ne s'est pas vu ?
Gérard : Ça va faire deux ans dans quelques jours. La dernière fois qu'on s'est vu, c'était pour le réveillon de Noël, chez Martine, il y a deux ans.
Alain : Qu'est-ce que tu as fait depuis ce temps-là ? Je me souviens qu'à cette époque, il y avait trois mois que tu étais en stage pour être agent commercial.
Gérard : C'est ça. Le stage a duré jusqu'à la fin février. Puis j'ai cherché du travail pendant quatre mois. Au bout de quatre mois, j'en ai trouvé mais à Lille.
Alain : Et tu es parti à Lille ?
Gérard : Eh oui, il fallait bien ! Mais heureusement, j'ai pu revenir à Marseille, dans une filiale de mon entreprise.
Alain : Il y a combien de temps que tu es rentré ?
Gérard : Ça fait huit mois.

8. *Les constructions avec deux pronoms. Complétez les dialogues.*

- Nicole ! Est-ce que nous avons envoyé les contrats à M. Fontaine ?
  - Oui, ...
  - Est-ce qu'il nous a renvoyé ces contrats signés ?
  - Non, ...
- Est-ce que tu as offert à ta femme le collier que tu as acheté ?
  - Oui, ...
  - Est-ce qu'elle t'a dit qu'elle le trouvait joli ?
  - Oui, ...
- Est-ce que Paul t'a demandé de l'argent ?
  - Oui, ...
  - Est-ce que tu lui en as donné ?
  - Non, ...
- Est-ce que le peintre Léonard t'as vendu un de ses tableaux ?
  - Oui, ...
  - Combien lui as-tu payé celui-ci ?
  - Je . . . . . . 2 000 F.

9. *Terminaison du présent des verbes en -« dre ». Mettez les verbes entre parenthèses au présent.*

- Elle *(se plaindre)* tout le temps.
- *(Éteindre)* la lumière, s'il te plaît !
- Dialogue avec un artiste :
  – Tu *(peindre)* combien de toiles par mois ?
  – Ça *(dépendre)*. Quelquefois une dizaine. Quelquefois plus.
  – Et tu les *(vendre)* combien ?
  – Entre 5 000 et 10 000 francs.
  – Je ne *(comprends)* pas pourquoi les artistes *(se plaindre)* !
- Je *(vendre)* ma voiture.
- Personne ne *(répondre)*.

❑ Écrit

10. *Écrivez à l'hôtel Beaurivage ou à l'hôtel l'Hippocampe (U III, l 2, ex 4) pour réserver une ou plusieurs chambres.*

Précisez :

– le nombre de personnes à loger *(adultes et enfants)*
– le type et le nombre de chambres que vous réservez
– les conditions particulières *(chambre donnant sur la plage ou sur le jardin, étage, etc.)*
– le jour et l'heure d'arrivée
– la durée du séjour.

11. *Qu'est-ce qui rend cet hôtel particulièrement insolite ? Rédigez un projet d'hôtel (ou de restaurant) original.*

Détenus payants dans une prison hôtel

Hallucinant ! Pour dormir derrière les barreaux, plus besoin d'enfreindre la loi. Il suffit d'aller à Newport, dans l'Etat de Rhode Island, aux Etats-Unis, et de payer 125 dollars (environ 750 F) la nuit pour « jouer » au détenu. En effet, c'est là que Don Glassie, un hôtelier en mal d'originalité, a ouvert un hôtel dans une prison désaffectée. Il a bien sûr fait exécuter les travaux nécessaires pour rendre les lieux aussi confortables qu'un établissement de luxe, mais il a laissé les barreaux de cinq centimètres de diamètre aux fenêtres. Les draps et les vêtements de nuit sont rayés bleu et blanc. La vaisselle est en émail bleu et les clients — appelés détenus — sont prévenus dès l'entrée : l'endroit s'appelle tout simplement *The Jailhouse Inn* * (l'auberge prison) ! Ils sont reçus par un personnel habillé en gardiens. Puis on leur fait remplir une fiche d'incarcération sur laquelle seules les empreintes digitales ne sont pas exigées. Cette prison « modèle » (chaque « prisonnier » a sa salle de bains, sa télé et son petit déjeuner au lit) affiche constamment complet. L'enthousiasme est tel que les candidats à l'incarcération doivent réserver plusieurs mois à l'avance. Ils sont fous, ces Américains ! ■

Femmes Actuelles, n° 222.

12. ***Les services du téléphone. Expliquez à un étranger comment on peut :***
– envoyer un télégramme
– se faire réveiller
– téléphoner avec une carte

Quels sont les autres services proposés par le téléphone et le minitel ?

Télégrammes téléphonés

Appelez le 36 55

Vous pouvez dicter par téléphone les télégrammes que vous désirez expédier.
Radiotélégrammes à destination des navires en mer 05 19 20 21

Réveil par téléphone

Il vous suffit de disposer d'un poste à fréquence vocale et de composer :

*** 55 * heure souhaitée #**

(ex : 07 15)

Votre appel sera enregistré.
Vous pouvez, à tout moment, vérifier ou annuler votre appel :
Vérification :

* # 55 * heure choisie #

Annulation :

55 * heure souhaitée
raccrocher

Dans les autres cas, vous pouvez obtenir le service du réveil en composant le

36 88

(automatique ou par l'intermédiaire d'un agent des Télécommunications selon les cas).
Tarif* par appel :
- Réveil automatique : . . . . 2,19 F
- Réveil par l'intermédiaire d'un agent des Télécommunications : . . . . 5,84 F

Télécarte

Les télécartes sont utilisables comme la carte Télécom dans les publiphones à carte à mémoire.
Il y a deux types de télécartes :
- à 40 unités dont le prix est de 30,80F*;
- à 120 unités dont le prix est de 92,40F*;

Ces télécartes sont en vente dans les agences commerciales des Télécommunications, les bureaux de poste, les débitants de tabac, les guichets SNCF et chez les revendeurs agréés reconnaissables grâce à une affichette :

«TÉLÉCARTE en VENTE ICI»

Oral

13. ***Analysez les causes des accidents graves sur les autoroutes. Que devrait-on faire pour empêcher ces accidents ?***

ACCIDENTS : LA FATIGUE ET LA VITESSE

Analyse des accidents mortels sur autoroute de liaison en fonction des causes.

Pourcentage des tués en 1987

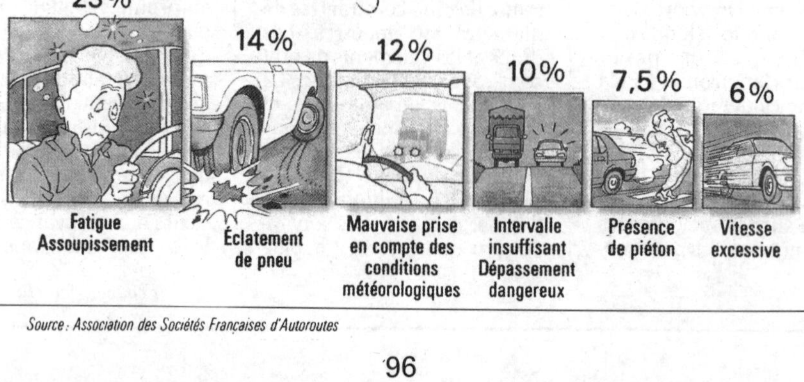

Source : Association des Sociétés Françaises d'Autoroutes

Quelles sont d'après vous les causes des accidents

– en ville ?
– sur les petites routes de campagne ?

14. ***Imaginez des solutions pour résoudre les problèmes d'embouteillage. Analysez les avantages et les inconvénients de chaque solution.***

a) Dans le centre des villes.

– interdire la circulation
– multiplier le nombre des parkings
– limiter l'autorisation de circuler aux résidents et aux livreurs
– etc.

b) Sur les routes.

– étaler les départs en vacances
– réduire la vitesse
– interdire certains jours la circulation aux camions
– etc.

15. ***Ils viennent d'avoir un accident. Ils racontent. Jouez les scènes.***

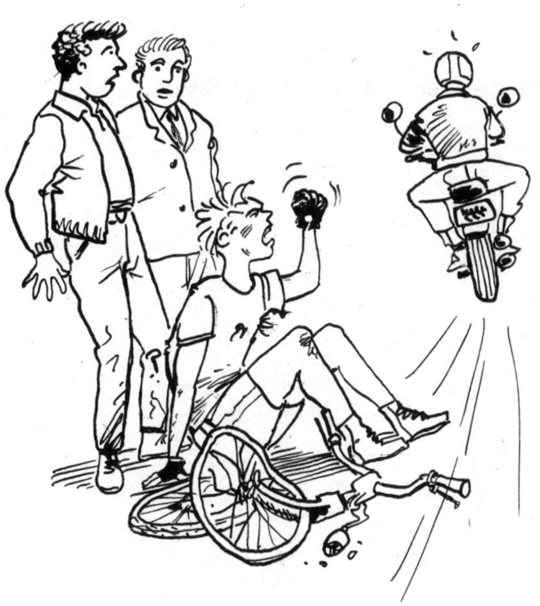

❑ Compléments

16. *Histoires drôles.*

• D'automobile.

Un gars roule à toute vitesse dans une rue en sens interdit. Un agent de police l'arrête :
– Où allez-vous ?
– Au bureau.
– Pourquoi roulez-vous si vite ?
– Ben... je dois être drôlement en retard. Ils sont tous en train de revenir.

• D'hôtel.

Un voyageur arrive dans sa chambre d'hôtel. Sur le lit, il aperçoit une punaise*.
– « Qu'est-ce que c'est ça » dit-il au garçon qui porte sa valise.
– « Une punaise. Mais ne vous inquiétez pas ! Elle est morte. »
Le voyageur accepte la chambre. Mais une heure après, il redescend avec sa valise et dit au garçon :
– « La punaise est bien morte. Mais il y a beaucoup trop de monde à son enterrement. »

* petit insecte

• De téléphone.

– Allô, le directeur de l'école de la rue Racine ?
– Oui.
– Je vous appelle pour vous dire que Didier ne pourra pas venir à l'école. Il est malade.
– Bon. Et... qui téléphone ?
– C'est papa.

17. *Une bande dessinée de Bosc.*

Le Couple, Bosc © Denoël, 1987

Leçon 3

❑ Vocabulaire

1. Localiser. Que dira-t-il pour indiquer ces positions ?

Exemple : 1 – Ici, à mes pieds.
2 – ......

2. Le mouvement. Que leur dites-vous ? Quels mouvements leur demandez-vous de faire ?

a) Les passants se sont arrêtés pour regarder brûler la maison. Mais la maison va s'écrouler.
→ *Écartez-vous ! Attention, reculez !*

b) Vous prenez votre famille en photo. Mais Pierre cache Annie.

c) Les enfants attendent devant le passage protégé. Ça y est ! Le feu est au rouge pour les voitures.

d) Vous faites une conférence devant quelques personnes qui se sont assises au fond de la salle.

e) Sur la route, un auto-stoppeur vous fait signe. Vous vous arrêtez.

f) Dans la campagne, où vous vous promenez avec un(e) ami(e), vous apercevez à 100 mètres de vous, une machine étrange.

3. La description de l'espace. Dessinez à grands traits ce paysage.

Construit au sommet d'une hauteur rocheuse, le village surplombe toute la vallée. Le clocher de l'église domine une vingtaine de petites maisons qui s'accrochent aux flancs de la montagne. En bas, coule la rivière, bordée d'arbres. A l'ouest du village, la rivière s'élargit pour former un petit lac entouré de peupliers. Juste avant, on peut traverser la rivière sur un vieux pont de pierres et accéder au village par une petite route qui monte en lacets.

4. ***La peur. Complétez avec un qualificatif indiquant la peur* (inquiet/inquiétant, terrifié/terrifiant, angoissé/angoissant, etc.).**

- Le jour de l'examen approche. Sébastien compte les jours. C'est ......
- La voie de chemin de fer passe à quelques mètres de la fenêtre des Dubois. La nuit, les trains font un bruit ......
- Monsieur Duval rentre ce soir en voiture de Lyon par l'autoroute. Il a deux heures de retard et il n'a pas téléphoné. Sa femme est ......
- C'est le carnaval. Michel a mis un masque de Dracula. Il est ......
- En Camargue, deux promeneurs qui marchaient dans les champs se sont trouvés nez à nez avec un taureau. Ils ont été ......
- Le bébé se met à pleurer. Il a été ...... par la grosse voix d'un ami de son père.

5. ***Formes et dimensions. Dessinez selon les instructions.***

Le sculpteur moderne Tinguely a fabriqué avec de vieux objets des machines étranges et poétiques.

En suivant les instructions dessinez une machine surréaliste. Donnez un nom à votre œuvre.

- Dessinez un parallélépipède de 3 cm×5 cm×2 cm. Cette figure doit reposer sur sa plus grande face.
- Au milieu de la face supérieure, au point A, élever une ligne verticale AB de 6 cm.
  Au sommet de cette ligne, faites reposer un rectangle (CDEF) de 4 cm sur 2 cm. Le côté CD (CD=4 cm) du rectangle doit être en équilibre sur la verticale AB. Sur la droite de la ligne AB dessinez un triangle ABG (AB=6 cm, BG=AG=3 cm).
  Autour du point A dessinez un cercle de 1 cm de diamètre.
  Suspendez en C, en D et en G des objets de votre choix qui donneront une signification à votre machine.

6. *La consistance. Complétez avec un adjectif qualifiant la matière* (dur, mou, fragile, solide, tendre, etc.).

- Ces verres se cassent facilement. Ils sont ......
- Vous pouvez monter sur la chaise. Elle ne risque pas de casser. Elle est ...... Elle est faite avec un bois très ......
- Cette viande est immangeable. Elle n'est pas assez ......
- Le menuisier vient de fabriquer une porte. Avant de la peindre, il faut enlever toutes les petites imperfections du bois. Il faut que la surface soit bien ......
- Les vêtements de sport doivent être fait avec un tissu ......

❑ Grammaire

7. Infinitif ou subjonctif. Reliez les deux phrases.

- Jacqueline viendra demain. → Je le souhaite. *Je souhaite que ......*
- Monsieur Legal ne sera pas à l'heure. Nous le regrettons.
- Il fera beau demain. J'en suis sûr.
- Je vous reverrai. Je le souhaite.
- Je ne pourrai pas venir chez vous. Je le regrette.
- Nous n'arriverons pas à l'heure. J'en ai peur.
- Je ne finirai pas ce travail ce soir. Je le crains.
- Elle réussira dans la vie. Je le crois.

8. Construction des pronoms devant l'infinitif. Répondez négativement.

- Vous voulez finir le plat ? → *Je ne veux pas le finir.*
- Vous voulez prendre un peu plus de chocolat ?
- Il peut faire ce travail pour demain ?
- Tu peux me prêter un peu d'argent ?
- Tu peux m'apporter les photos que tu as prises dimanche dernier ?
- Il accepte de m'emmener ?

9. La négation de l'infinitif. Transformez les interdictions suivantes en utilisant une des formes données dans l'exemple.

Ne faites pas de bruit. { *Prière de ne pas faire de bruit* / *Veuillez ne pas faire de bruit* / *Soyez gentil de ne pas faire de bruit* }

- Il est interdit de fumer.
- Défense de poser des affiches sur ce mur.
- Il est dangereux de se pencher à la fenêtre.
- Sortie interdite.
- Ne dérangez pas le directeur.
- Interdiction de stationner devant le portail.

Écrit

10. *Qu'y a-t-il d'intéressant à voir à Saint-Benoît-du-Sault ?*

Vous traversez en voiture les régions du Berry et du Limousin et vous avez envie de faire une halte. Tout près, se trouve le village de Saint-Benoît-du-Sault. Est-il intéressant de le visiter ?
Consultez votre guide touristique et relevez toutes les curiosités et les lieux intéressants à voir.

ST-BENOÎT-DU-SAULT

841 h. (les Bénédictins)

Carte Michelin n° 68 pli 17.

Dans un cadre verdoyant de collines coupées de vallons où courent des eaux vives, St-Benoît-du-Sault est bâtie sur un éperon rocheux contourné par la riante vallée du Portefeuille.

La localité, installée à l'emplacement de l'antique Salis, fief des seigneurs de Brosse, doit aussi son nom au prieuré bénédictin fondé dès la fin du 10e s. De l'importante cité médiévale entourée d'une ceinture de remparts, subsistent de nombreuses demeures dont la découverte, au hasard des rues étroites de la vieille ville, fait l'objet d'une agréable promenade.

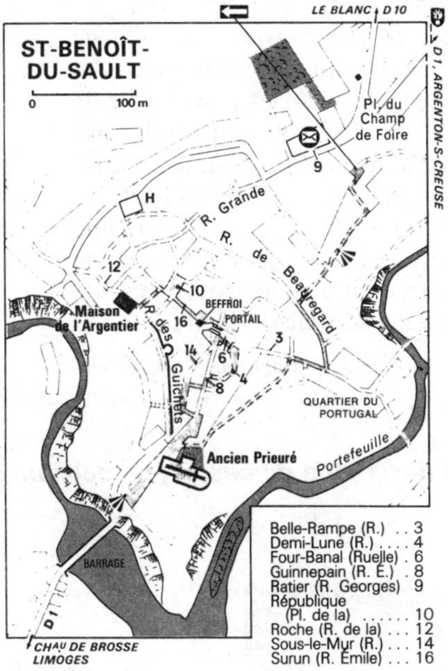

VIEILLE VILLE

visite : 3/4 h

La partie la plus ancienne de la ville – le Fort – accolée à l'église, est entourée par de solides remparts et fermée par une porte fortifiée proche d'un beffroi. Au-delà du Fort, la ville commerçante s'est développée au 15e s. Elle était entourée par une deuxième enceinte, moins élevée, dont subsistent des murs, un chemin de ronde et la tour Grimard.

Partir de la place du Champ de Foire, suivre le sentier qui contourne la ville par le Sud-Est, vues sur la vallée et le château de Montgarnaud. Après le quartier du Portugal, aux pentes abruptes, emprunter l'ancien chemin de ronde qui conduit à l'église.

⊙ **Église.** – Commencée au 11e s., elle est en grande partie romane. Sa nef de structure archaïque est couverte par une belle charpente. La tour du clocher (14e s.) abrite une cuve baptismale en granit.

Terrasse de l'ancien prieuré. – Vue sur la vallée du Portefeuille, le plan du barrage et, sur la droite, l'étagement des terrasses et des maisons aux toits de tuiles.
En remontant vers le portail, emprunter la rue Sous-le-Mur, la rue de la Demi-Lune et la ruelle couverte du Four Banal. Passer aussi place de la République (entourée de maisons aux toits tourmentés), rue de la Roche où l'on remarque un ensemble de demeures anciennes dont la **maison de l'Argentier** (15e s.), ornée d'une porte à clous que surmonte un linteau sculpté.

D'après *Guide Vert MICHELIN Berry-Limousin* -1re édition p. 157.

Sur le modèle ci-dessus, rédigez un commentaire touristique pour un village, un quartier, ou un autre lieu touristique que vous connaissez bien.

11. ***Lisez cet article. Quel était l'objet de cette vente ? Dans quelles conditions s'est-elle déroulée ?***

CE jour-là, une violente secousse sismique a ébranlé le monde de l'art : le 11 novembre 1987, il était 19 heures à New York quand la firme Sotheby's a proposé aux enchères un tableau de Van Gogh. Pas grand : 71×93 cm. Mais spectaculaire : une brassée d'iris dans une harmonie de bleus et de verts éclatants. Les enchères ont commencé à quinze millions de dollars mais il n'a pas fallu plus de soixante-seize secondes pour qu'elles atteignent le prix ahurissant de 53 900 000 dollars (305 000 000 de francs). Dans une atmosphère quasi hystérique, la vente s'est en fait jouée par téléphone entre deux acheteurs. L'heureux acquéreur a préféré garder l'anonymat, mais, surprise, il n'était pas japonais.

Malgré ce succès, *les Iris* marquent dans la vie de Van Gogh une époque douloureuse. Au printemps de 1889, il quitte Arles pour l'asile de Saint-Rémy-de-Provence dont le jardin devient dès lors une source d'inspiration pour le peintre. Voilà comment naîtront *les Iris*, ce tableau qui est aujourd'hui le plus cher du monde. Ironie suprême quand on sait que, de son vivant, le pauvre Vincent ne réussit à vendre qu'une seule de ses toiles, pour une somme dérisoire...

Le Figaro Magazine, 23 juin 1988.

12. ***Rédigez les descriptifs de ces objets pour un catalogue de vente aux enchères et jouez leur vente.***

13. *Racontez une légende.*

La légende de la fondation de Marseille

Au VIe siècle avant J.-C. un bateau d'aventuriers grec accoste dans une baie de la côte méditerranéenne. Leur chef, Protis veut rendre visite au roi de la tribu établie dans la région. Ce jour-là, la tribu est en fête. Le roi marie sa fille Gyptis et la coutume veut que ce soit la fille du roi qui choisisse son époux parmi les nombreux soupirants. Protis est assis avec les autres convives. A la fin du repas Gyptis s'avance en tenant la coupe qu'elle doit offrir à celui qu'elle a choisi d'épouser. C'est à Protis, l'inconnu, l'étranger, qu'elle l'offre.

La jeune fille apporte en dot une colline et des terres au bord de la mer. C'est là que Protis fondera la petite ville de Massalia qui deviendra Marseille.

La légende de la ville d'Is (Bretagne)

Au VIe siècle, en Bretagne, une ville magnifique s'élevait au bord de la mer protégée des marées par une longue digue. C'était la ville d'Is.

Mais Ahès, la fille du roi Gradlon, menait une vie de débauche. Un jour elle rencontre un séduisant jeune homme qui lui demande pour preuve de son amour, d'ouvrir les écluses de la digue et de noyer la ville. Le jeune homme était le diable. Ahès fait ce qu'il lui demande et bientôt la mer pénètre dans les rues de la ville. Le roi Gradlon s'enfuit à cheval avec sa fille en croupe.

Mais les vagues le poursuivent. Tout à coup, il entend une voix :

« Gradlon ! Si tu veux être sauvé, jette à l'eau le démon qui est derrière toi » Gradlon obéit et la mer s'arrête de déferler sur la terre. Mais la ville d'Is reste engloutie pour toujours.

Gradlon fondera une nouvelle capitale : Quimper.

Ahès renaîtra sous la forme d'une sirène. Par son chant et sa beauté, elle attire les marins pour que leur bateau se brise contre les rochers et coulent au fond de l'océan.

14. *Jouez le guide. Présentez la tour Eiffel ou un autre monument que vous connaissez.*

La tour Eiffel.

Un des monuments les plus universellement connus.

Hauteur : 300 m (320,75 m avec l'antenne). Cette hauteur peut varier de 15 cm selon la température. Pour accéder au sommet : 4 ascenseurs ou 1792 marches d'escalier. Par temps clair, vue à 67 km.

Poids : 7 000 tonnes.

Elle exerce une pression de 4 kg/cm^2 (c'est la pression exercée par un homme assis sur une chaise).

Origine : Construite pour l'exposition universelle de 1889. L'idée et le projet sont de deux ingénieurs de l'équipe de Gustave Eiffel. Ils construisaient des ponts métalliques.

Construction : De 1887 à 1889 – 300 ouvriers assemblent les 18 000 pièces et fixent 250 millions de rivets.

Polémique sur sa construction : Le projet partage l'opinion publique. De nombreux artistes, architectes et écrivains s'opposent à sa construction. Mais elle a aussi de bons défenseurs (Appolinaire).

On a failli plusieurs fois la démolir, notamment après la guerre de 1914-1918. On pensait utiliser le fer pour reconstruire des usines. Elle a été sauvée par le développement de la radio et de la télévision. Elle sert d'antenne et de station météorologique.

Nombre de visiteurs en 1988 : plus de quatre millions.

❑ Compléments

15. ***L'origine des noms français de personnes.***

Beaucoup de noms de personnes trouvent leur étymologie :

a) dans un lieu : Dupont *(celui qui habitait à côté du pont)* – Montaigne *(Montagne)* – La Fontaine.

b) dans une profession : Fournier *(c'était le boulanger en ancien français) – Lefèvre (le forgeron).*

c) dans une particularité physique : Roux - Leroux *(aux cheveux roux)* – Brun *(aux cheveux bruns).*

d) ils peuvent aussi venir d'un nom grec, romain ou germanique : Girard *(de l'allemand Ger Hard=lance dure).*

Pouvez-vous trouvez l'origine des noms de ces personnages des histoires du *Nouveau Sans Frontières* ?

Lavigne	Lagarde	Morin	Barbier
Legrand	Delarue	Lemercier	Dupuis
Roman	Dubourg	Martin	Brunot

16. ***Reconnaissez-vous ces détails d'architecture ? Pouvez-vous dire à quel type de construction ils appartiennent et à quelle époque ils peuvent avoir été construits ?***

a

b

d

c

e

f

g

Leçon 4

Vocabulaire

1. *La végétation. Complétez ces planches d'un manuel de sciences.*

2. *De quelle fleur, de quel arbre s'agit-il ?*

a) Les empereurs romains s'en couronnaient la tête. Il agrémente les sauces.

b) On l'offre en France pour le 1er mai.

c) Souvent cachée dans l'herbe, on sent souvent son parfum avant de la voir.

d) Sa feuille figure sur le drapeau du Canada.

e) On en offre à la femme qu'on aime.

f) Il symbolise la force et la puissance.

g) Il est le symbole de la royauté française.

h) C'est l'arbre des cimetières.

i) Il grimpe sur les murs des maisons.

j) Il est né d'un homme qui aimait contempler son visage dans le miroir d'une rivière.

le pin
le sapin
l'érable
le cyprès
le saule
le laurier
le chêne
le lys
la jonquille
la rose
le muguet
le lilas
le lierre
le narcisse
la violette

3. *Barrez les lieux où vous n'aimeriez pas faire les activités sportives suivantes :*

Planche à voile
Natation — une mer – un océan – un étang – un marécage – un lac de montagne – un torrent – une cascade – un fleuve.

Ski — un lac gelé – un glacier – une piste noire – de la neige poudreuse – une pente rocheuse – une piste étroite dans la forêt – un plateau enneigé.

Marche — un sous-bois épais et touffu – un désert de sable – un désert de pierres – une crête de montagne – une gorge profonde – un plateau balayé par le vent – un sentier en pente douce – un sentier surplombant un précipice.

4. *Les activités physiques. Complétez avec des verbes.*

Ascension.

Tôt le matin, nous avons commencé à ...... la falaise à pic. L'ascension était difficile. Il fallait ...... aux rochers et ne pas ...... l'équilibre. Nous étions tous les trois reliés par une corde attachée à notre ceinture. A un moment, Michel ...... sur une plaque de glace et il a failli ...... dans le vide. Heureusement la corde l'...... Il a pu ...... à un rocher et a réussi à ...... jusqu'à nous.

Plongeon.

Du haut de la falaise de 10 mètres, Isabelle ...... dans la mer. Elle ...... une trentaine de secondes entre deux eaux. Puis elle ...... à la surface.

5. *Le paysage. Dessinez en quelques coups de crayon (ou évoquez en langue maternelle) les paysages suggérés par ces extraits de romans français.*

Verrières est abritée du côté du nord par une haute montagne, c'est une des branches du Jura. Les cimes brisées du Verra se couvrent de neige dès les premiers froids d'octobre. Un torrent qui se précipite de la montagne traverse Verrières avant de se jeter dans le Doubs et donne le mouvement à un grand nombre de scies à bois...

Le Rouge et le Noir, Stendhal

Devant elle, à perte de vue, les paquets d'herbe roulés par la bourrasque de l'après-midi se suivaient au long du rivage comme des caractères tracés d'une encre obscure [...] Des lumières brillaient au large puis s'éteignaient, qui étaient les phares de la baie d'Olbia signalant divers écueils [...] A l'extrémité du golfe, la petite tour de la Caletta, parmi les pins et quelques maisons basses, avait la forme d'un gros cactus.

Le Lis de mer, A.P. de Mandiargues

Là se découvre une vallée qui commence à Montbazon, finit à la Loire et semble bondir sous les châteaux posés sur ces doubles collines, une magnifique coupe d'émeraude au fond de laquelle l'Indre se roule par des mouvements de serpent.

Le Lys dans la vallée, Balzac

Sur le plateau, on n'y va pas souvent et jamais volontiers. C'est une étendue toute plate à perte de vue. C'est de l'herbe et de l'herbe, et de l'herbe sans un arbre. C'est plat. Quand on est debout là-dessus et qu'on marche, on est seul à dépasser les herbes.

Regain, J. Giono

Grammaire

6. ***Futur antérieur. Plus-que-parfait. Transformez ces phrases.***

a) au futur, en commençant par l'événement le plus éloigné dans le futur.

b) au passé, en commençant par l'événement le plus proche du présent.

Exemple : Il fait 20 mètres sous l'eau. Puis, il remonte à la surface

a) Quand il remontera à la surface, il aura fait 20 mètres sous l'eau.

b) Quand il est remonté à la surface, il avait fait 20 mètres sous l'eau.

- Ils parcourent 10 km par un sentier difficile. Puis, ils arrivent au sommet.
- Tu passes ton examen. Puis nous partirons en voyage.
- Nous dînons. Puis, nous allons au cinéma.
- Vous restez 3 jours à Paris. Puis nous venons vous rejoindre.
- Il rentre du bureau. Puis nous allons faire du sport.

7. ***Futur antérieur. Plus-que-parfait. Continuez les phrases en imaginant ce qui s'est passé avant.***

Exemple : Le chasseur a tiré un coup de fusil ...... Il s'était levé très tôt le matin et il était parti avec son chien. Dans un petit bois, il avait observé des traces de sangliers. Il s'était caché et il avait attendu. Tout à coup, il avait vu un énorme sanglier ......

a) Employez le plus-que-parfait.

- L'incendie a détruit toute la ville ......
- Hier, au stade de Marseille, Gobinet a enfin battu le record de France du 10 000 mètres ......

b) Employez le futur antérieur.

- Dans quelques minutes Myriam arrivera chez elle et pourra enfin se reposer ......
- Dans une heure, la navette spatiale atterrira. Les cosmonautes reviendront de leur voyage dans l'espace ......

8. ***Problème de logique. Reconstituez l'emploi du temps du 1er juillet de Jean-Louis et d'Annie.***
Est-ce qu'ils ont eu la possibilité de se voir ce jour-là ?

Annie est hôtesse de l'air. Son mari, Jean-Louis, est pilote.

Quand Jean-Louis est arrivé du Caire, le 1er juillet à 16 heures, il y avait 8 heures qu'Annie était partie pour Rome. Jean-Louis était parti pour Le Caire 2 heures avant le départ d'Annie pour Rome.

Annie devra repartir pour Madrid, 4 heures après son arrivée de Rome et quand Annie rentrera de Madrid, Jean-Louis sera parti pour Hong Kong à 22 heures, 2 heures après le départ d'Annie.

9. *La simultanéité. Jérémy et Isabelle ont passé la matinée à essayer de se joindre. Sans succès. Que´s'est-il passé ? Racontez l'histoire en variant les adverbes qui expriment la simultanéité* (quand, lorsque, pendant que, au moment où, pendant ce temps, etc.).

Heures	**Jérémy**	**Isabelle**
9 h.	Jérémy appelle Isabelle. Ça sonne occupé.	Isabelle reçoit un long coup de fil de son frère.
9 h. 30	Jérémy rappelle. Il laisse longtemps sonner.	Isabelle est sortie pour acheter le journal.
10 h.	Jérémy fait une nouvelle tentative. Sans succès.	Isabelle est dans son jardin. Elle entend le téléphone, court vers l'appareil qui est dans l'appartement. Trop tard.
10 h. 30	Jérémy va chez Isabelle. Il sonne. Personne ne répond. Isabelle est sans doute sortie.	Isabelle est dans sa salle de bain où elle écoute toujours la radio. Elle n'entend pas la sonette de la porte.
11 h.	Jérémy est allé s'asseoir dans un café proche de la maison d'Isabelle. Il attend qu'elle revienne.	Isabelle s'habille et va chez Jérémy. Elle est surprise qu'il ne l'ait pas appelée.
11 h. 30	Jérémy inquiet et impatient attend devant la porte d'Isabelle.	Isabelle inquiète et impatiente attend devant la porte de Jérémy.

Ils ont enfin pu se rencontrer. Imaginez leur dialogue :

Jérémy : Tu étais sortie quand j'ai rappelé à 9 h. 30 ?

Isabelle : Tu as peut-être appelé pendant que j'étais allée acheter le journal.

......

❑ Écrit

10. *Vous êtes metteur en scène de cinéma. Décrivez avec précision les paysages (ou les décors) où vous placeriez les scènes suivantes.*

- **Le solitaire.**

Déçu par la société, un homme décide de quitter son pays et de s'établir dans un lieu inhabité... Un jour, il découvre, enfin le lieu idéal où il pense pouvoir être heureux. *Quel paysage choisiriez-vous pour cette scène ?*

- **Mutinerie sur « La Belle de Mai ».**

Nous sommes au XVIe siècle, le navire « La Belle de Mai » parcourt les océans à la découverte de terres inconnues. Un jour, les marins se révoltent. Ils en ont assez de ramer tout le jour pour une nourriture insuffisante et un avenir incertain. Le capitaine leur fait face. Une épreuve de force commence. *Quel décor donneriez-vous à cette scène ?*

- **La traque.**

Poursuivi par la police pour un crime qu'il n'a pas commis, un homme s'est réfugié dans un endroit caché. Seule sa fiancée connaît ce lieu secret. Elle décide d'aller le rejoindre. *Où placeriez-vous la scène de retrouvailles ?*

11. *Lisez cette description de l'Ile Maurice (Ile de l'océan Indien).*

En plein océan Indien, sous le tropique du Capricorne, l'île Maurice a souvent changé de nom au cours des siècles, selon les différents protecteurs : Arabes, Hollandais, puis Français et Anglais avant de devenir indépendante. Mais elle a toujours été cette « île paresseuse où la nature donne des arbres singuliers et des fruits savoureux » dont parle Baudelaire dans « L'Invitation au voyage »*.

Plus sec l'été, de mai à octobre, plus humide l'hiver, le climat qui varie de 17° à 33° surprendra par sa douceur. Et plus encore la température de l'eau, constante tout au long de l'année sur ses quelque cent soixante kilomètres de côtes bordées de coraux et de plages, tandis que l'intérieur est tout en plateaux et montagnes, cratères, cascades, champs de canne à sucre, plaines vertes sous le ciel bleu.

Le charme prenant de l'île est bien là, dans cette variété chaude et colorée que l'on trouve partout. Dans la population mauricienne, souriante, fine et accueillante, mosaïque d'Indiens, Créoles, Chinois, Anglais. Donc dans l'éventail de cultures, coutumes, croyances, costumes, langues, et spécialités culinaires dont vous aurez une idée en visitant la capitale Port-Louis : la cuisine est créole (assez épicée), chinoise (aigre douce ou pimentée), ou encore indienne (safran, parfums profonds).
Dans la cité ce sont d'ailleurs les scènes de la vie quotidienne qui retiendront votre attention, ainsi que les vieilles maisons coloniales, les jardins débordant d'hibiscus, de lauriers roses. Sans oublier la place d'Armes, d'autant plus inévitable qu'elle est le point de départ pour visiter la ville en même temps qu'un des endroits les plus fréquentés par les Mauriciens. Vous verrez ainsi l'Hôtel du gouvernement et les deux cathédrales protestante et catholique. Le musée mérite aussi un détour avec de remarquables collections de coquillages, de poissons, d'oiseaux naturalisés parmi lesquels le fameux « dodo » complètement disparu depuis l'occupation de l'île par les colons hollandais. Mais les autres oiseaux, eux, prolifèrent : pigeon rose, coq des bois au cri mélancolique...
Et comme une couronne autour de l'île, ce qui attire irrésistiblement les touristes : les plages. A Grand'Baie vous aurez le choix entre La Pointe aux Piments avec sa zone de chasse sous-marine et Le Trou aux Biches frangé de cocotiers. A Cap Malheureux surgissent trois îlots d'origine volcanique : le Coin de Mire, l'île Plate et l'île Ronde. Il y faut assister, vers midi, au retour des barques et à l'entassement des poissons sur la plage. Sortis d'une eau bleu turquoise, une couleur parmi tant d'autres à Maurice.

Modes et Travaux, février 1989, François Porel

* Dans sa jeunesse, Baudelaire a fait un voyage à l'île de la Réunion.

Vous êtes journaliste et vous devez utiliser ce texte pour commenter 12 photos.
Découpez le texte en 12 fragments.
Donnez des indications précises sur la photo que vous souhaiteriez avoir pour illustrer chacun de ces fragments.

Photo n° 1 : une carte de l'océan Indien, montrant le tropique du Capricorne et la position de l'île Maurice.
Photo n° 2 . . . . . .

❑ Oral

12. *Imaginez les dialogues et jouez ces scènes de retrouvailles.*

a) Octave et Émilie ont 80 ans.
Octave a connu Émilie au lycée, il y a bien longtemps. Ils sont beaucoup sortis ensemble et à 18 ans, ils ont failli se fiancer. Mais Octave est parti faire son service militaire dans un pays lointain. Ils se sont un peu écrit, puis chacun a fait sa vie de son côté.
Aujourd'hui, par hasard, après 60 ans, ils se retrouvent.

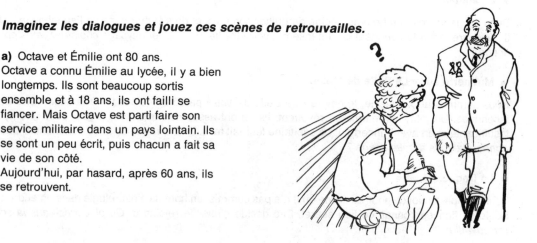

b) Bébert et Jo ont superbement réussi le cambriolage du château d'un milliardaire. Un butin impressionnant : des bijoux, des tableaux, des œuvres d'art. Après l'affaire, ils ont caché le butin et décidé de disparaître chacun de leur côté pendant un an. Un an s'est écoulé, ils se retrouvent dans un café de Pigalle.

c) La famille Bertin fait une ballade en montagne. Tout à coup on s'aperçoit que la petite Claudine, 10 ans, a disparu. On la cherche pendant plusieurs heures. Enfin, on la retrouve.

13. ***Faites de la futurologie. Croyez-vous que dans cinquante ans, les choses auront beaucoup changé ?***

Qu'est-ce qu'on aura fait, découvert, inventé, construit ?

- Les transports : les transports en commun auront-ils remplacé les voitures dans les villes ?
- Les vêtements : aura-t-on inventé les vêtements jetables après une seule utilisation ou les vêtements auto-nettoyants ?
- La nourriture : la restauration rapide aura-t-elle remplacé les petits restaurants ?
- La famille : aura-t-elle beaucoup changé ?

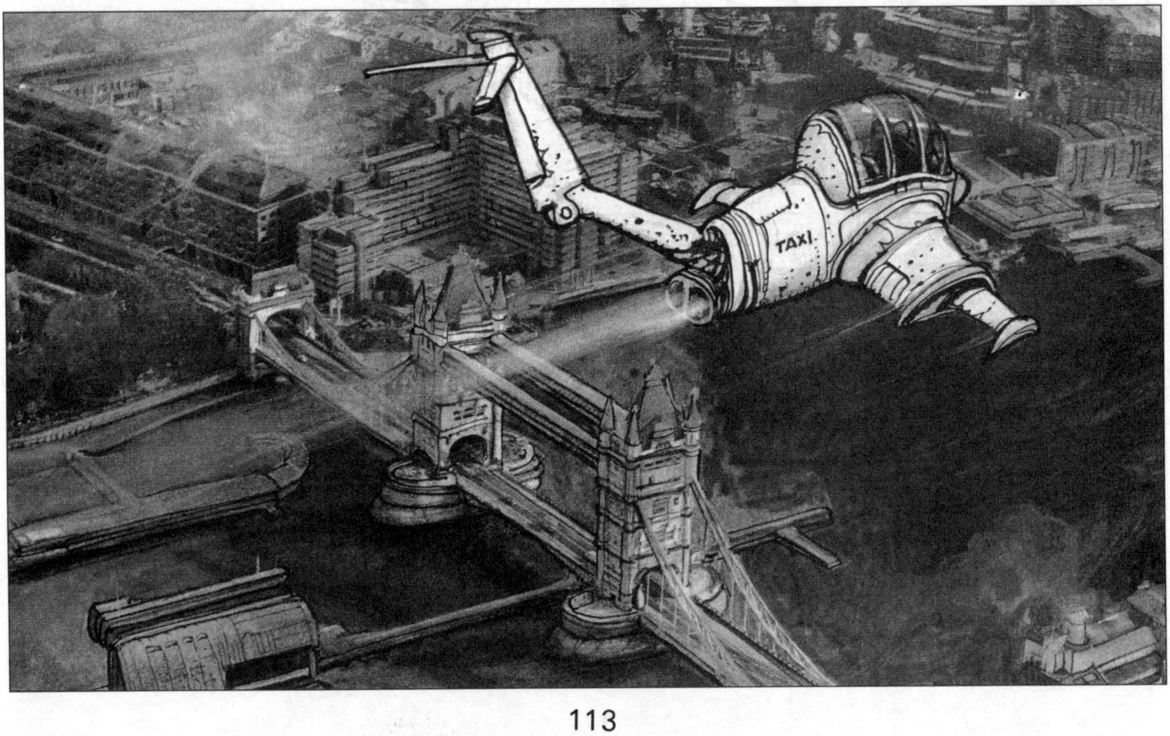

14. *Créez un pays imaginaire avec le groupe-classe.*

Si vous deviez revivre l'aventure de Robinson Crusoë, où aimeriez-vous vous retrouver ?

- Décrivez ce pays. Dessinez sa carte en indiquant le relief, les cours d'eau, les côtes, les frontières, etc.
- Décrivez son climat.
- Décrivez les plantes, les fleurs, les animaux qui s'y trouvent.
- Si ce pays est habité, décrivez sa population.

Compléments

15. *Une chanson du folklore breton.*

BRAVE MARIN

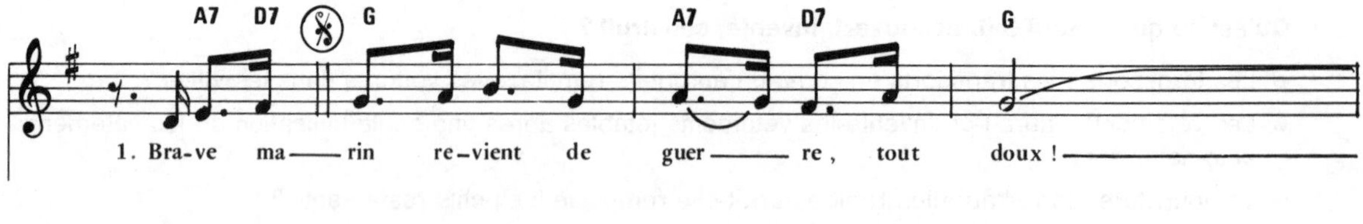
A7 D7 G A7 D7 G
1. Bra-ve ma-rin re-vient de guer-re, tout doux !
Bra-ve ma-rin re-vient de guer-re tout doux
Tout mal chaus-sé tout mal vê-tu Pau-vre marin, d'où re-viens-tu ? tout doux !
2. Ma-da-me

Brave marin se met à boire, tout doux
Se met à boire et à chanter
Et la belle hôtesse[1] à pleurer, tout doux

Ah qu'avez-vous la belle hôtesse, tout doux
Regrettez-vous votre vin blanc
Que le marin boit en passant, tout doux

C'est pas mon vin que je regrette, tout doux
Mais c'est la mort de mon mari
Monsieur, vous ressemblez à lui..., tout doux

Ah ! dites-moi la belle hôtesse, tout doux
Vous aviez de lui trois enfants
Et j'en vois quatre z'à présent !, tout doux

On m'a écrit de ses nouvelles, tout doux
Qu'il était mort et enterré
Et je me suis remariée, tout doux

Brave marin vida son verre, tout doux
Sans dire un mot tout en pleurant
S'en retourne à son bâtiment[2], tout doux

Notes :
(1) qui tient une auberge
(2) bateau

a) Qui est ce brave marin ? Montrez que cette chanson est un véritable petit drame.

b) Jouez la scène entre le marin et l'hôtesse.

c) Le marin est retourné sur son bateau. Un autre marin lui demande pourquoi il est revenu. Imaginez le dialogue.

16. ***Test. Vingt questions sur la géographie de la France.***

1 – Quel est le plus haut sommet de France ?
2 – Quel est le fleuve qui traverse Paris ?
3 – Quel est le fleuve qui longe la frontière franco-allemande ?
4 – Dans quelle région trouve-t-on des volcans éteints ?
5 – Quelle chaîne de montagne est à moitié française et à moitié espagnole ?
6 – Quelle est la région de France où il pleut le moins ?
7 – Quelle est la région la plus froide ?
8 – Les régions de montagnes occupent-elles 1/10, 1/4 ou 1/3 du territoire français ?
9 – Quelle est la région la moins peuplée ?
10 – Dans quelle région se trouvent les grottes préhistoriques de Lascaux ?
11 – Quelle est la mer qui porte le nom d'une partie de vêtement ?
12 – Quels sont les deux plus grandes villes après Paris ?
13 – Quelle île française est formée de deux départements ?
14 – De quelle région Dijon est-elle la capitale ?
15 – Quelle région fait penser à la fois à l'Espagne et à la Chine ?
16 – Quelle est approximativement la distance entre Dunkerque (ville la plus au Nord) et Perpignan (ville la plus au Sud) ?
17 – Quelle proportion du territoire français est occupée par la forêt ?
18 – Deux fleuves seulement prennent leur source en France. Lesquels ?
19 – Quel est le plus grand lac de France ?
20 – Quelle proportion de la population française habite la Région parisienne ?

Réponses
1 : le Mont-Blanc (4807 m) – 2 : la Seine – 3 : le Rhin – 4 : en Auvergne, dans la région du Puy – 5 : les Pyrénées – 6 : la région de Chartres (pour la hauteur d'eau) – 7 : la région de Marseille (pour le nombre de jours de pluie) – 8 : entre 1/3 et 1/4 – 9 : le Sud du Massif Central – 10 : le Périgord (Sud-Ouest) – 11 : la Manche – 12 : Lyon (1,2 million) Marseille (1,1 million) – 13 : la Corse – 14 : la Bourgogne – 15 : la Camargue (pour l'élevage des taureaux de combat et les rivières) – 16 : 973 km – 17 : 25 % – 18 : la Seine et la Loire – 19 : le Lac Léman (partagé entre la Suisse et la France) – 20 : 18,5 %.

Leçon 5

Vocabulaire

1. *Les synonymes de « voir ». Complétez avec un des verbes de la liste.*

- Du haut du Mont Ventoux on peut ...... un paysage magnifique. Au loin, par temps clair on peut ...... la mer.
- Les policiers sont cachés dans une voiture devant la maison du suspect. Ils ...... ses allées et venues.
- Il y a beaucoup de brouillard dans la ville. On n'arrive pas à ...... les feux de signalisation.
- J'étais assis dans mon bureau. La porte était ouverte. L'homme est passé en courant dans le couloir. J'ai pu à peine l'......
- Le vautour tourne dans le ciel et va fondre sur sa proie. Il a ...... un petit lapin dans l'herbe.

apercevoir
contempler
découvrir
distinguer
entrevoir
épier
observer
repérer
revoir
surprendre

2. *Les perceptions. Énumérez les sensations corporelles* (vue, ouïe, odorat, etc.) *que vous pouvez avoir dans les situations suivantes.*

- en traversant une forêt après un orage
- dans la cuisine d'une cantine
- dans la campagne au début d'une belle matinée de printemps
- sur un bateau de pêche en pleine mer
- lors d'une nuit passée à la belle étoile

« J'entends ...... Je sens l'odeur de ...... le parfum de ...... »

3. *Comment vous sentez-vous dans les circonstances suivantes ? Comparez vos impressions avec celles de votre voisin(e).*

- Après un repas très copieux et abondamment arrosé de vin rouge.
- Après avoir vu un film d'horreur particulièrement « saignant ».
- Après 40 km de marche sur un chemin caillouteux.
- Après une demi-heure dans un bain très chaud.
- Après dix mois de travail intensif pour préparer un examen.
- Après être passé devant un mendiant sans rien lui avoir donné.
- Après un mois de vacances.

4. *Autour du verbe « couper ». Complétez avec un des verbes de la liste.*

arracher
couper
découper
détacher
diviser
éplucher
partager
raccourcir

- Le poulet est cuit. Avant de le présenter aux invités, il faut le ......
- L'arbre a trop poussé. Ses branches dépassent le toit de la maison. Il faut les ......
- Ils avaient une pomme pour deux. Ils l'ont ......
- Les mauvaises herbes envahissent le jardin. Il faut les ......
- Le pantalon que tu as acheté est trop long. Il faut le ......
- Un jour que le philosophe Newton se promenait dans la campagne et passait près d'un pommier, une pomme qui s'était ...... de l'arbre est tombée à ses pieds.

  Cette expérience a donné à Newton l'idée de l'attraction terrestre.

5. *Les ustensiles de cuisine et leur fonction. Imaginez tout ce qu'on peut faire avec.*

- une marmite
- une poêle à frire
- un rouleau à pâtisserie
- un tire-bouchon
- une planche à repasser
- une râpe à fromage

Énumérez des fonctions réelles et imaginaires en variant les verbes.
Exemple : avec une marmite on peut :
– faire cuire des légumes
– préparer une soupe
– faire chauffer de l'eau
– la transformer en passoire... en masque de soudeur
– la mettre sur la tête comme un chapeau
– etc.

❑ Grammaire

6. *Expression de la possibilité. Formulez des hypothèses pour expliquer les situations suivantes. Utilisez les expressions entre parenthèses.*

Situations	Explications possibles
• J'avais rendez-vous avec M. Arnaud ce matin à 10 heures. Il n'est pas venu.	être malade *(peut-être)* oublier le rendez-vous *(risquer)* voiture en panne *(il se peut que...)* appelé d'urgence ailleurs *(il est possible que...)*

« Monsieur Arnaud est peut-être malade, mais il risque aussi d'avoir oublié... »

Situations	Explications possibles
• Le bébé n'a pas arrêté de pleurer depuis deux heures.	avoir faim *(il est possible que...)* être énervé *(risquer)* on fait trop de bruit *(il se peut que...)* une dent le fait souffrir *(il est possible que...)*

7. *Les temps du passé. Mettez les verbes entre parenthèses au passé-composé, à l'imparfait, au plus-que-parfait ou au futur antérieur selon le sens.*

Deux chefs d'entreprises bavardent.

M. Reynaud : Arnal et moi, nous *(fonder)* notre fabrique de jouets en 1970.

M. Colbert : Qu'est-ce que vous *(faire)* avant ?

M. Reynaud : Pas grand chose. Moi, j'*(faire)* des études d'ingénieur et *(être engagé)* dans une entreprise de mécanique automobile. Arnal, lui, il *(être)* sociologue mais il *(voyager)* beaucoup, surtout aux États-Unis. C'est lui qui *(avoir)* l'idée de la fabrique de jouets.

M. Colbert : C'*(être)* une bonne idée ?

M. Reynaud : Excellente. Deux ans après l'ouverture nous *(doubler)* notre chiffre d'affaires. Nous avons eu de la chance. Le commerce des jouets *(se développer)* en même temps que notre entreprise.

M. Colbert : Et les perspectives d'avenir ?

M. Reynaud : Encourageantes. Nous sommes en train de créer des filiales à l'étranger. A la fin de l'année, nous *(ouvrir)* une fabrique en Italie et une en Allemagne.

8. *La construction « (se) faire + infinitif ». Reconstruisez ces phrases en commençant par le mot souligné et en utilisant l'expression* (se) faire + infinitif.

- On a nettoyé la moquette de Michèle. → Michèle a fait nettoyer ......
- Le bœuf bourguignon a cuit trois heures. C'est Jean qui l'a préparé.
- Le directeur du collège a renvoyé Julien.
- Le dentiste a arraché deux dents à Mireille.
- Valérie a écouté des disques chez Jacques.
- Jean-Baptiste a appris ses leçons avec l'aide de François.

9. *Faire + infinitif. En utilisant l'expression « faire + infinitif », rédigez un texte publicitaire pour cette entreprise de petits travaux à domicile.*

« Faites réparer votre téléviseur... »

Rapid' Services

tous travaux à domicile

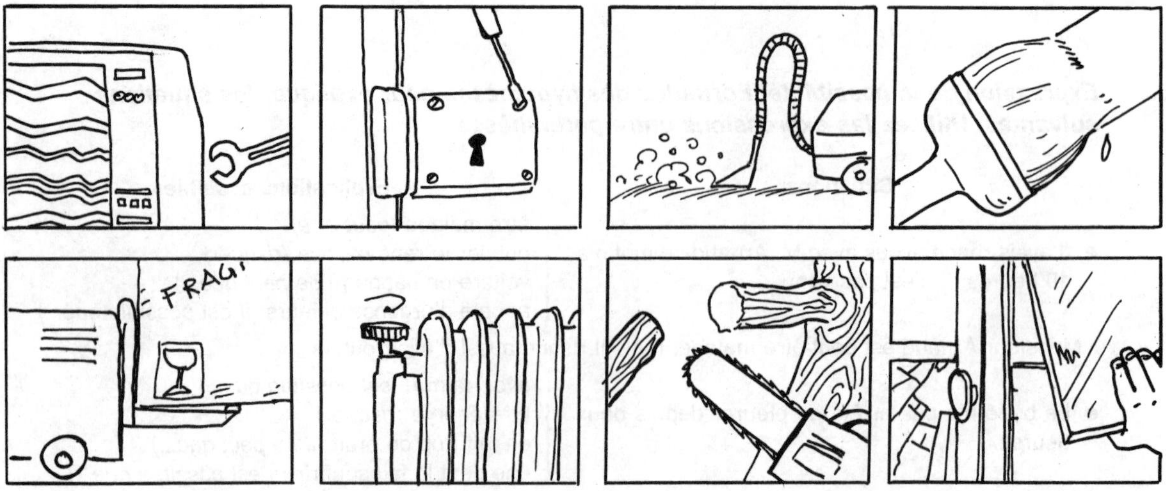

10. *Faire + verbe. Continuez leur discours en utilisant l'expression « (se) faire + verbe ».*

● « Tu as un moment de libre ce matin ?

– Pas une minute. Je dois garder mon petit frère. Il est malade. Il faut que je fasse venir le médecin, que je

● « Alors, elle marche bien ta nouvelle voiture ?

– Pas encore. Tu sais que je l'ai achetée d'occasion. Avant de pouvoir l'utiliser, il faut que je la remette en état. Je dois »

● « Ta robe est toute sale !

– Oui, il faut que »

☐ *Écrit* ●●●

11. *Étudiez la recette du coq au vin.*

COQ AU VIN

C'est un grand classique de la cuisine bourguignonne. La durée de la cuisson dépend de l'âge de la volaille utilisée : plus le coq est vieux, plus la cuisson est longue. Servez avec le vin employé pour le plat. Le coq au vin est excellent aussi réchauffé. Pour donner à la sauce une belle couleur, vous pouvez y mélanger en fin de cuisson 2-3 cuillerées à soupe de sang de volaille que vous demanderez à votre fournisseur habituel.

PRÉPARATION : *25 minutes*
CUISSON : *1 heure*

INGRÉDIENTS : *(pour 4 personnes) :*
1 coq de 1,5 kg coupé en morceaux
125 g de lard maigre
90 g de beurre
2 cuillerées à soupe d'huile
30 g de farine
16 petits oignons blancs
2 cuillerées à soupe de cognac
1 bouteille de bon vin de Bourgogne
2 gousses d'ail
200 g de champignons de Paris
bouquet garni
sel, poivre

Épluchez les petits oignons. Salez et poivrez les morceaux de poulet. Coupez le lard en petits dés, et faites-le blanchir dans l'eau bouillante pendant 3 minutes. Égouttez les lardons.

Dans une cocotte, mettez l'huile et 60 grammes de beurre. Faites-y revenir les lardons et les petits oignons. Remuez bien pour qu'ils dorent sans brûler. Retirez-les, réservez-les. Mettez à dorer dans la cocotte les morceaux de poulet. Quand ils sont bien colorés de tous les côtés, ajoutez les lardons et les petits oignons ; remuez. Chauffez le cognac dans une louche, versez-le sur le poulet et flambez. Dès que la flamme est éteinte, versez le vin dans la cocotte ; ajoutez le bouquet garni et l'ail écrasé, et augmentez la chaleur pour porter lentement à ébullition. Goûtez pour vérifier l'assaisonnement, couvrez et laissez mijoter 1 heure : remuez souvent pour que le poulet n'attache pas.

Pendant ce temps, épluchez les champignons, lavez-les, faites-les sauter dans 30 grammes de beurre, égouttez-les. Ajoutez-les au poulet au bout de l'heure de cuisson, couvrez de nouveau et laissez cuire encore 15 minutes ou jusqu'à ce que le poulet soit tendre.

5 minutes avant de servir, mélangez à la fourchette dans un bol le reste de beurre et la farine. Ajoutez un peu de sauce chaude, battez bien, et versez le tout dans la cocotte pour lier la sauce en remuant bien.

Au moment de servir, dressez les morceaux de poulet dans un plat chaud, retirez le bouquet garni, nappez avec la sauce.

Servez avec des pommes de terre cuites à la vapeur ou sautées.

La Cuisine au fil des saisons,
© Sélection du Reader's Digest

a) Faites la liste
 – des ingrédients nécessaires,
 – des ustensiles nécessaires.

b) Repérez les principaux moments de la préparation.

c) Soulignez tous les verbes qui indiquent ce que l'on doit faire.

d) Présentez oralement la recette en mimant les opérations successives.

12. *Imaginez des recettes.*

- Le druide Panoramix prépare la potion magique qui donne aux guerriers gaulois une force surhumaine.

- La sorcière prépare un philtre d'amour.

13. *Lisez cet article.*

Emotion et exaspération à Vias

Le pyromane insaisissable

Plus de vingt voitures à son « palmarès »

■ Un vent de folie souffle sur la petite commune de Vias, aimable bourgade à mi-chemin de la ville (Béziers) et de la mer (Cap-d'Agde). Poursuivie tout l'été par le démon de l'automobile qui tisse autour de « son feu » de carrefour d'inexpugnables bouchons, la commune se trouve maintenant poursuivie par l'assiduité criminelle d'un pyromane insaisissable qui n'a de cesse d'incinérer les voitures locales...

L'affaire remonte à juin 87. L'incendiaire s'est d'abord fait la main sur quelques arpents de garrigue avant de signer sa rentrée scolaire par l'incendie de deux classes à l'école du bourg. En octobre, notre homme se déchaîne et détruit onze voitures d'un seul coup. Les habitants de Vias restent impuissants devant le désastre. Le pyromane, lui, ne désarme pas et un mois plus tard, il remet ça, puis le mois suivant. Une voiture par ci, une voiture par là... Vias fait ses comptes : plus de vingt voitures incendiées en moins d'un an et demi.

De plus, le pyromane nargue curieusement la population. Ainsi dans la nuit de samedi à dimanche, il a attendu patiemment que le dispositif mis en place par la gendarmerie soit levé au petit jour... pour mettre le feu à deux véhicules.

Une nouvelle fois les habitants restent sous le coup de l'émotion, mais, cette fois, c'est trop. L'atmosphère est devenue pesante et le maire s'employait hier à calmer les esprits les plus échauffés. De son côté, la gendarmerie invitait les habitants à coopérer.

Il est clair pour tout le monde que le pyromane, c'est « quelqu'un du village ». Un individu malin qui prend plaisir à jouer au chat et à la souris avec ceux qui essaient de le pincer. Il ne laisse aucun indice sur place et observe de près les déploiements de force.

a) Faites la liste des délits du pyromane et datez-les.

b) Quelles sont les conséquences psychologiques de ces événements ?

c) La commune de Vias a un autre problème. Lequel ?

d) Comme l'inspecteur de police chargé de l'enquête, faites le portrait psychologique du pyromane.

14. ***Rédigez un article de faits divers à partir d'un des titres suivants.***

Le mystérieux voleur de bicyclette

UN VANDALE INSAISISSABLE

détraque depuis six mois les horloges et les pendules de la ville

La voix mystérieuse

Elle réveille les habitants de Bordeaux pour leur annoncer au téléphone de fausses nouvelles

❑ Oral

15. ***Imaginez les dialogues et jouez les scènes (utilisez l'expression* (se) faire + verbe).**

a) Elle rentre de l'école

b) L'homme politique et son conseiller en communication

16. *Imaginez des suites de conséquences comme dans l'exemple.*

Comment Adrienne Reynaud est devenue riche... en allant prendre le train.

« Au moment où Adrienne va monter dans son compartiment, elle aperçoit un vieux monsieur qui essaie de soulever une énorme valise. Elle se précipite *donc* pour l'aider. Mais en soulevant la valise, elle sent une vive douleur dans le dos. Elle décide *alors* de retarder son voyage et d'aller voir un médecin. Mais son problème est grave *de sorte qu'*elle se retrouve à l'hôpital dans une chambre qu'elle partage avec une vieille femme qui n'a plus que quelques heures à vivre. Cette femme lui apprend qu'elle n'a plus ni enfant ni famille et que dans son jardin est caché un sac de pièces d'or. *Par conséquent*, aussitôt sortie de l'hôpital, Adrienne... »

Imaginez comment :

- **En prenant le métro pour la direction Bastille ...... il se retrouve au pôle Nord.**
- **En allant acheter le journal ...... elle devient présidente de la République.**
- **Etc.**

17. *Créez des histoires à partir de personnages, de lieux, d'objets et d'événements tirés au sort.*

Tirez au sort (avec un dé) un mot dans chaque tableau. Inventez une histoire à partir de ces éléments.

Votre personnage principal votre héros
1. un étudiant
2. une reine
3. un auto-stoppeur
4. une célibataire
5. un P.-D.G.
6. une chanteuse

Les amis de votre personnage principal
1. un vieux savant
2. une fée
3. un banquier
4. une photographe
5. un chauffeur
6. une jeune fille au pair

Les ennemis de votre personnage principal
1. une sorcière
2. un journaliste
3. une actrice
4. un commerçant
5. une espionne
6. un roi

Le lieu où se passe le début de votre histoire
1. un immeuble de banlieue
2. l'océan
3. un château
4. un bar
5. un jardin public
6. une station service

Le lieu où se passe la fin de votre histoire
1. une montagne
2. un champ de blé
3. une plage
4. une ferme
5. une forêt
6. un restaurant

un objet important dans votre histoire
1. un livre
2. un bijou
3. un poignard
4. une lettre
5. un coffre
6. un tableau

Un événement heureux dans votre histoire
1. un mariage
2. une découverte
3. un coup de foudre
4. un miracle
5. un héritage
6. une naissance

Un événement malheureux dans votre histoire
1. un enlèvement
2. un accident
3. un tremblement de terre
4. une séparation
5. un empoisonnement
6. une bagarre

❑ Compléments

18. *Un poème de Verlaine.*

APRÈS TROIS ANS

Ayant poussé la porte étroite qui chancelle,
Je me suis promené dans le petit jardin
Qu'éclairait doucement le soleil du matin,
Pailletant[1] *chaque fleur d'une humide étincelle.*

Rien n'a changé. J'ai tout revu : l'humble tonnelle
De vigne folle avec les chaises de rotin[2]*...*
Le jet d'eau fait toujours son murmure argentin
Et le vieux tremble[3] *sa plainte sempiternelle.*

Les roses comme avant palpitent, comme avant
Les grands lis orgueilleux se balancent au vent,
Chaque alouette qui va et vient m'est connue.

Même, j'ai retrouvé debout la Velléda[4]
Dont le plâtre s'écaille au bout de l'avenue,
Grêle[5]*, parmi l'odeur fade*[6] *du réséda.*

Poèmes saturniens

(1) **pailletant :** de « paillettes », petits morceaux de matière brillante que l'on met sur les vêtements de fête ou de spectacle.
(2) **rotin :** végétal souple avec lequel on fabrique des sièges ou de petits meubles.
(3) **tremble :** sorte de peuplier dont les feuilles bougent (tremblent) au moindre vent.
(4) **Velléda :** statue de prêtresse gauloise.
(5) **grêle :** fin et fragile.
(6) **fade :** sans goût.

a) Notez toutes les sensations (couleurs, mouvements, bruits, odeurs, etc.).

b) Relevez tout ce qui donne une impression de fragilité, tout ce qui donne une impression de permanence.

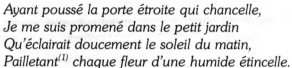

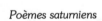

Leçon 1

❑ Vocabulaire

1. *Les familles de mots. Complétez le tableau.*

Le verbe qui décrit l'action.	Celui qui fait l'action.	Celui qui subit l'action.	Le nom qui indique le résultat de l'action.
employer	un employeur	un(e) employé(e)	un emploi
	un vainqueur		
		un élu	
assiéger			
			un envoi
	un voleur		
tuer			

2. *La guerre et la paix. Dans quelles rubriques d'un journal peut-on trouver ces titres de presse ? Relevez et expliquez l'utilisation du vocabulaire militaire.*

Bataille des prix entre supermarchés

OFFENSIVE DE CHARME DANS LA POLICE :
la nouvelle tenue des agents

Quatre matches cette semaine
pour l'Olympique de Marseille
qui va devoir faire face sur tous les fronts.

APRÈS S'ÊTRE LONGTEMPS COMBATTUS, LES DEUX PHILOSOPHES FONT LA PAIX.

Le gouvernement bat en retraite devant l'Assemblée nationale et retire son projet de lois sur l'éducation.
Le Premier ministre déclare :
« Nous avons seulement perdu une bataille ».

À L'UNIVERSITÉ MOLIÈRE :
Colloque sur la poésie moderne.
Les étudiants tirent à boulets rouges sur les organisateurs qui n'avaient invité aucun écrivain régionaliste.

Tennis
Il mène jusqu'à la fin. Mais vaincu par la fatigue, il perd le match dans les dix dernières minutes.

3. ***Les armes. Lisez ces définitions du dictionnaire* Robert. *De quelles armes s'agit-il ?***

a. Navire capable de naviguer sous l'eau en plongée.

b. Arme à feu courte et portative, pistolet à répétition muni d'un magasin qui tourne sur lui-même.

c. Pièce d'artillerie servant à lancer des projectiles lourds.

d. Arme automatique individuelle pour le combat rapproché des fantassins et parachutistes.

e. Projectile autopropulsé et autoguidé ou téléguidé (dit selon son point de départ et son objectif, sol-air, air-sol, air-air, etc.).

4. ***Les adverbes de fréquence et d'habitude. A quelle fréquence faites-vous les activités suivantes ?***

tous les...
chaque...
habituellement
fréquemment
souvent
la plupart du temps
quelquefois
de temps en temps
occasionnellement
parfois
rarement
exceptionnellement

- vous brosser les dents
- aller à l'opéra
- emprunter de l'argent à un ami
- faire des farces à vos amis
- vous lever tôt le matin
- donner une grande fête
- offrir un cadeau à celle/celui que vous aimez
- regarder les informations à la télé
- acheter des vêtements.

❑ Grammaire

5. ***Forme simple ou forme pronominale. Mettez les verbes entre parenthèses à la forme qui convient.***

- Véronique [(se) regarder] dans la glace sa nouvelle robe qu'elle vient d'essayer. Elle [(se) demander] si elle n'est pas un peu trop longue.
- « Tu crois que Daniel [(se) téléphoner] à Gérard après leur dispute d'avant-hier soir ?
  – Peut-être. En tout cas, je sais qu'ils [(se) voir]. Je les [(s')apercevoir] hier soir au café Cristal. Ils [(se) parler].
  – Ils [(se) disputer] ?
  – Non, ils avaient l'air de bien [(s')entendre].
- Alain, le mari de Françoise, est en voyage d'affaires au Japon. Mais ils [(se) téléphoner] deux fois par jour. Le matin, c'est Françoise qui [(s')appeler] Alain à son hôtel. Le soir, c'est Alain qui [(se) téléphoner].

6. ***Imaginez des situations où les phrases suivantes peuvent être prononcées.***

- Ils se regardent méchamment.
- Ils se frappent à coups d'épée.
- Elles se gênent l'une l'autre.
- Elles s'entendent très bien.
- Elles se maquillent mutuellement.
- Il se regarde avec satisfaction.
- Il se frappe la tête.
- Elle ne s'est pas gênée.
- On ne s'entend pas parler ici !
- Il s'est fait un cadeau.

7. Situation dans le temps. D'après les notes ci-dessous, racontez l'aventure politique de Victor Duval sans mentionner de date précise et en situant votre récit le 1er avril au soir.

Mai 1981	: Victor Duval s'installe dans la ville de B...
Avril 1983	: Il est candidat aux élections municipales mais il est battu.
1er mars 1989	: Il est à nouveau candidat. Début de sa campagne électorale. Meetings. Réunions. Débats télévisés.
30 mars	: Dernier jour de la campagne électorale.
31 mars	: Il se repose dans sa villa du Touquet.
1er avril, le matin	: Il va voter.
1er avril, le soir	: Il apprend les résultats. Sa liste a gagné.
2 avril	: Il offre un cocktail à ses amis et à la presse.
4 avril	: Le nouveau conseil municipal se réunit pour élire le maire. Victor Duval est élu.
1995	: Prochaines élections municipales. Victor Duval espère qu'il sera réélu.

« *Ce soir-là*, Victor Duval triomphait. Sa liste venait de gagner les élections municipales. Il était arrivé dans la ville de B... *huit ans auparavant* ...... »

8. Situation dans le temps. Reconstituez la chronologie des activités du chanteur Jean-Paul Vincent. (Ce récit a été écrit un 15 juillet.)

Ce jour-là, à 11 heures du matin, Jean-Paul Vincent attaquait joyeusement son petit déjeuner, assis à la terrasse de l'hôtel Beaurivage. La veille au soir, son concert avait été un triomphe mais Jean-Paul se sentait un peu fatigué. Quinze jours avant, il avait commencé une tournée dans les grandes villes du Sud de la France et toute la semaine précédente avait été consacrée aux stations balnéaires de la côte d'Azur. Le concert de l'avant-veille en particulier avait été très dur. La salle était bruyante et surexcitée. On avait frôlé la catastrophe. Heureusement, le lendemain il n'y avait pas de concert. Il allait pouvoir prendre un peu de repos. Mais ce serait de courte durée. Le surlendemain, la tournée recommençait et ce n'est qu'une semaine plus tard qu'il pourrait vraiment prendre des vacances. Quinze jours aux Seychelles. Et il faudrait revenir en pleine forme. Les trois mois suivants seraient consacrés au tournage de son premier film.

9. Situation dans le temps. Complétez avec un article ou avec un démonstratif.

- Il est obligé d'aller à Paris pour son travail ...... lundi par mois.
- ...... jeudi de l'Ascension est un jour férié en France.
- Ils vont au cinéma tous ...... vendredis soir.
- Je me souviendrai toujours de ...... dimanche-là. Il faisait un froid terrible.
- La catastrophe s'est produite ...... dimanche du mois d'octobre.
- Elle ne travaille jamais ...... lundi.
- « Je viendrai samedi.
  – Quel samedi ? ...... samedi ou le suivant ? »

Écrit

10. *Analysez ces deux jugements sur Napoléon Ier. Quels sont les traits de caractère de sa jeunesse qui lui ont permis d'être ce qu'il a été ?*

- **Jugé au début de sa carrière alors qu'il n'est que le jeune général Napoléon Bonaparte.**

N. Bonaparte, Corse de nation et de caractère, jeune homme à part, studieux, dédaignant le plaisir pour le travail ; ami des lectures importantes et sévères ; appliqué aux sciences exactes ; mixte pour les autres ; fort en mathématiques ; bon géographe ; taciturne, solitaire, bizarre, dédaigneux ; égoïste et tenace à l'excès ; parlant peu, froidement ; laconique, dur en répartie et difficile à vivre ; d'un amour-propre excessif ; ambitieux, jaloux et tout en espérance. Ce jeune homme est à protéger et à surveiller.

Mme de Staël

- **Jugé peu après sa mort.**

Bonaparte n'a aucun trait de ce grave Américain[1] : il combat avec fracas sur une vieille terre ; il ne veut créer que sa renommée ; il ne se charge que de son propre sort. Il semble savoir que sa mission sera courte, que le torrent qui descend de si haut s'écoulera vite ; il se hâte de jouir et d'abuser de sa gloire, comme d'une jeunesse fugitive. A l'instar des dieux d'Homère, il veut arriver en quatre pas au bout du monde. Il paraît sur tous les rivages ; il inscrit précipitamment son nom dans les fastes de tous les peuples ; il jette des couronnes à sa famille et à ses soldats ; il se dépêche dans ses monuments, dans ses lois, dans ses victoires. Penché sur le monde, d'une main il terrasse les rois, de l'autre il abat le géant révolutionnaire ; mais, en écrasant l'anarchie, il étouffe la liberté, et finit par perdre la sienne sur son dernier champ de bataille.

Chateaubriand

(1) Chateaubriand vient de parler de George Washington.

11. *Sur le modèle de ces extraits de catalogues d'éditeurs, rédigez une brève présentation d'un livre récent que vous avez aimé.*

An 2026. Sur la station orbitale Cassandra Gamma est commis le premier meurtre de l'espace. Pierre Sangatte, quarante-six ans, divorcé, ex-pilote d'essai, est détaché par son centre de recherches pour aller discrètement enquêter sur Cassandra.
Sous l'intrigue policière et d'anticipation, se développe une réflexion sur des thèmes éternels : l'amour, la mort, la vérité...
Le sixième roman d'un jeune auteur de trente-deux ans.

Norma, une actrice que tout Paris admire, joue ce soir, seule sur la scène d'un théâtre de Montparnasse. Jérôme, lui, est assis au quatrième rang et l'épie. Ils se sont rencontrés le jour de la première. Par petits chapitres haletants, le romancier pénètre au plus secret de cette brève rencontre, court de Paris à Boston, de Lyon à Athènes, campe ses personnages avec des mots gourmands, et par cent notations révèle une autre passion, celle du théâtre.
Hubert Nyssen, qui dirige en Provence les éditions Actes Sud, a déjà publié cinq romans, la plupart chez Grasset, et presque tous ont obtenu un prix littéraire, dont le Grand Prix du Roman de la Société des Gens de Lettres (1982) et le prix Valery Larbaud (1983).

Dix espaces de rêve, dix récits de voyage sous forme de nouvelles...
De Jérusalem à Katmandou, de New York au Caire, Alain Absire nous entraîne vers des horizons lointains et des personnages pourtant si proches de nous.
Richesse de l'imagination, précision de l'écriture, sincérité de l'émotion : toutes les qualités de la grande nouvelle sont au rendez-vous.
Par l'auteur de *L'Égal de Dieu* (Prix Fémina 1987).

(Extraits de catalogues d'éditeurs : Presse de la Renaissance *et* Grasset).

12. ***Commentez ces pensées sur la lecture.***

« Dis-moi ce que tu lis, je te dirai qui tu es », il est vrai mais je te connaîtrai mieux si tu me dis ce que tu relis.
François Mauriac

Beaucoup de nos enfants ne lisent plus. Pour eux, c'est la télévision qui est la nouvelle machine à rêver.
Un parent d'élève

La lecture est un magasin de bonheur que les hommes ne peuvent nous ravir.
Stendhal

L'école nous apprend à déchiffrer oralement mais elle ne nous apprend pas à lire. Apprendre à lire, c'est deviner d'abord puis de plus en plus juste. C'est traiter avec les yeux une langue faite pour les yeux.
Jean Foucambert (chercheur en pédagogie)

13. ***Quel est le livre de votre enfance qui vous a le plus marqué ? Racontez les souvenirs que vous en avez gardés.***

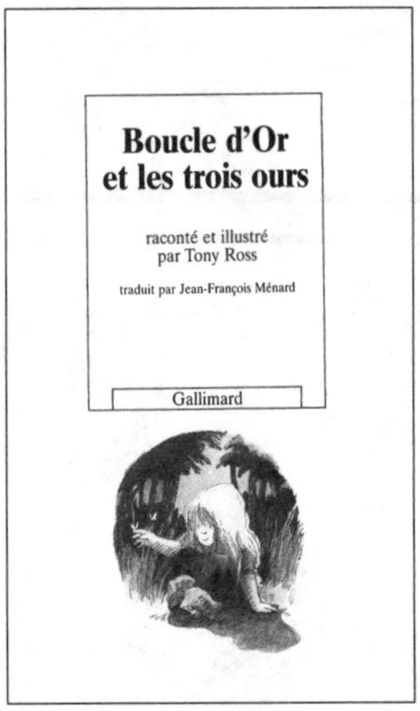

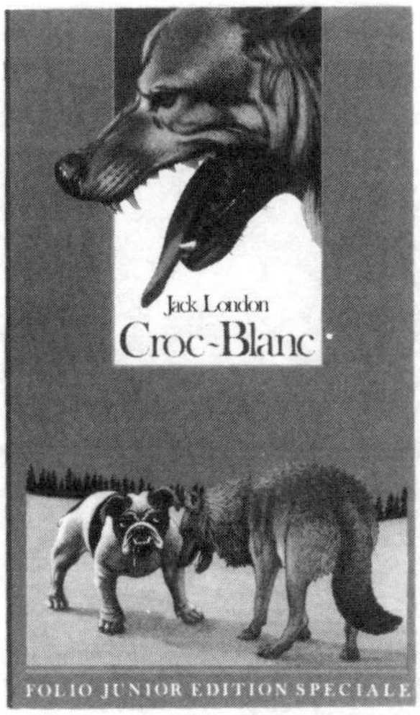

14. ***Lisez l'histoire du métro de Paris.***

A la fin du XIXe siècle, la ville de Paris, pour faire face aux encombrements de la circulation, demande à des ingénieurs d'imaginer un moyen de transport rapide pour la capitale.

A cette époque, New York, Londres et Chicago ont déjà leur métro souterrain. Mais un seul ingénieur français, **Fulgence Bienvenuë**, défendra un moyen de transport de ce type. Les autres ingénieurs avaient fait des projets très différents.

M. Heuré avait imaginé un train à vapeur circulant dans les rues sur une voie surélevée.

Le projet de **M. Maret** était une sorte de grande télécabine, semblable à celles qu'on voit aujourd'hui dans les stations de sport d'hiver, et qui devait glisser sur un fil à quinze mètres au-dessus du sol.

M. Arsène avait prévu la construction d'immenses ponts qui passaient par-dessus les immeubles de la capitale.

Enfin, **M. Revin** avait imaginé de petites voitures à deux places qui glissaient sur des toboggans. Les voitures étaient soulevées par une machine, puis elles glissaient sur les toboggans sur une centaine de mètres et elles étaient à nouveau soulevées.

Finalement, c'est le projet de **M. Bienvenuë** qui a été retenu. La première ligne, Vincennes-Maillot (Bois de Boulogne), sera mise en service le 1er juillet 1900.

a) Analysez les avantages et les inconvénients de chaque projet.

b) Lequel de ces projets vous paraît le plus pratique, le plus poétique, le plus audacieux ?

c) Imaginez un moyen de transport en commun original pour une grande ville.

15. ***Lisez ces informations sur le service militaire en France. Comparez avec l'organisation du service militaire dans votre pays.***

Le service militaire.

Chasseurs alpins

• Durée

Durée normale : 12 mois.

Il existe un service long pour les *volontaires* (16 ou 24 mois). Ceux-ci peuvent alors choisir leur arme (terre, mer, etc.). Ils sont rémunérés et ont des permissions plus nombreuses.

Dans certains cas, on peut faire son service au titre de l'*aide technique* ou de la *coopération* (ingénieurs, administrateurs, enseignants, médecins) dans les territoires français d'outre-mer ou dans les pays étrangers.

Durée : 16 mois.

Les *objecteurs de conscience* (ceux qui refusent de porter une arme pour des raisons morales ou religieuses) sont placés dans une administration en France.

Durée : 24 mois.

• Age de l'appel

L'âge normal est 18 ans. Possibilité de retarder l'appel jusqu'à 22 ans pour tout le monde. On peut obtenir un report supplémentaire pour raison d'études ou à cause de sa situation sociale ou familiale (jusqu'à 27 ans).

• Femmes

Depuis 1970, les femmes ont la possibilité d'effectuer un service militaire si elles sont volontaires (20 000 femmes sous les drapeaux en 1988).

Le service militaire est périodiquement mis en question par la classe politique française (aussi bien par la droite que par la gauche). Deux projets :

– réduction du service à 6 mois

– suppression du service et remplacement par une armée de métier.

Compléments

16. *Le début de* Pique-nique en campagne *une pièce comique de Fernando Arrabal.*

Arrabal est un auteur dramatique et cinéaste espagnol qui écrit en français. Il a le goût de la profanation et ses pièces expriment souvent un sentiment de révolte. Dans Pique-nique en campagne*, il tourne la guerre en dérision.*

La bataille fait rage. On entend des coups de fusil, des bombes éclatent, des mitrailleuses. Zapo est seul en scène, à plat ventre, caché entre les sacs. Il a très peur. Le combat cesse. Silence. Zapo sort d'un sac à ouvrage en toile une pelote de laine, des aiguilles et il se met à tricoter un pull-over déjà assez avancé. Le téléphone de campagne, qui se trouve à côté de lui, sonne tout à coup.

ZAPO

Allô... Allô... à vos ordres, mon capitaine... Oui, je suis la sentinelle du secteur 47... Rien de nouveau, mon capitaine... Excusez-moi, mon capitaine, quand va-t-on reprendre le combat ?... Et les grenades, qu'est-ce que j'en fais ? Je dois les envoyer en avant ou en arrière ? Ne le prenez pas en mauvaise part, je ne disais par ça pour vous ennuyer... Mon capitaine, je me sens vraiment très seul, vous ne pourriez pas m'envoyer un camarade ?... *(Le capitaine sans doute le réprimande vertement)* A vos ordres, à vos ordres, mon capitaine. *(Zapo raccroche. On l'entend grommeler entre ses dents)*

Silence. Entrent M. et Mme Tépan qui portent des paniers comme pour aller à un pique-nique. Ils s'adressent à leur fils qui, le dos tourné, ne voit pas les arrivants.

M. TÉPAN, *cérémonieusement*

Mon fils, lève-toi et embrasse ta mère sur le front. *(Zapo surpris se lève et embrasse sa mère sur le front avec beaucoup de respect. Il veut parler, son père lui coupe la parole)* Et maintenant, embrasse-moi.

ZAPO

Mais, chers petit père et petite mère, comment avez-vous osé venir jusqu'ici, dans un endroit aussi dangereux ? Partez tout de suite.

M. TÉPAN

Tu veux peut-être en remontrer à ton père en fait de guerre et de danger ? Pour moi, tout ceci n'est qu'un jeu. Combien de fois, sans aller plus loin, ai-je descendu du métro en marche.

Mme TÉPAN

On a pensé que tu devais t'ennuyer, alors on est venu te faire une petite visite. A la fin, cette guerre, ça doit être lassant.

ZAPO

Ça dépend.

M. TÉPAN

Je sais très bien ce qui se passe. Au commencement, tout nouveau tout beau. On aime bien tuer et lancer des grenades et porter un casque, ça fait chic, mais on finit par s'emmerder. De mon temps, tu en aurais vu bien d'autres. Les guerres étaient beaucoup plus mouvementées, plus hautes en couleur. Et puis, surtout, il y avait des chevaux, beaucoup de chevaux. C'était un vrai plaisir : si le capitaine disait : « A l'attaque ! », aussitôt, nous étions tous là, à cheval, en uniforme rouge. Ça valait le coup d'œil. Et après, c'était des charges au galop, l'épée à la main, et tout à coup on se trouvait face à l'ennemi, qui lui aussi se trouvait à la hauteur des circonstances, avec ses chevaux – il y avait toujours des chevaux, des tas de chevaux, la croupe bien ronde – et ses bottes vernies, et son uniforme vert.

Mme TÉPAN

Mais non, l'uniforme ennemi n'était pas vert. Il était bleu. Je me rappelle très bien qu'il était bleu.

M. TÉPAN

Je te dis qu'il était vert.

Arrabal (1959),

a) De quel type de guerre M. Tépan a-t-il la nostalgie ?

b) Que symbolise le personnage de M. Tépan ?

c) Qu'est-ce qui fait l'absurdité de la scène ?

Leçon 2

❑ *Vocabulaire*

1. *Les unités de temps. Quelle unité de temps utiliseriez-vous pour mesurer ou dater ?*

a) Le temps qu'il faut pour faire cuire un œuf ? *La minute*
b) Le temps mis par un champion pour courir un 100 mètres ?
c) L'histoire d'une famille ?
d) La vie d'un être humain ?
e) L'histoire d'un pays ?
f) L'évolution géologique de la terre ?
g) Un meuble ancien ?

2. *Renoncement et résignation. Complétez avec un des verbes du tableau.*

- Brusquement, à 40 ans, Jean-Jacques s'est découvert une passion pour l'archéologie. Il a ...... son poste de directeur commercial dans une entreprise. Il a ...... sa famille en France et il est parti faire des fouilles au Pérou.
- Après une semaine de négociations avec la direction, les ouvriers ont ...... à continuer la grève et se sont ...... à reprendre le travail. La direction avait ...... à leur donner une petite augmentation de salaire.
- L'été dernier, André voulait partir en vacances en Yougoslavie. Sa femme, Denise, préférait rester à la maison pour refaire les peintures et la décoration. Finalement, c'est elle qui a gagné. André a ...... Il a ...... ses vacances et a travaillé tout l'été.

abandonner
céder
consentir
laisser
quitter
renoncer à
se résigner à
sacrifier

3. *Conquêtes et invasions. Complétez ce texte en fonction du sens en utilisant le vocabulaire de la p. 163 (livre de l'élève).*

En l'an 451, une immense armée commandée par Attila ...... la Gaule. Ces ...... sont les Huns, peuple nomade venu de l'Est qui s'était établi sur les bords du Danube. Attila veut ...... l'Europe entière. Il pénètre en Gaule et c'est une succession de victoires. Il ...... les villes de Metz, de Reims et de Laon. Partout les habitants ...... et donnent leurs richesses aux guerriers redoutables. Attila arrive devant Paris. Il s'apprête à ...... la ville mais finalement, il y renonce et préfère se diriger vers Orléans. Il attaque la ville, mais les habitants ...... et il ne réussit pas à la conquérir. Pendant ce temps, une formidable armée s'est organisée sous la conduite du général Aetius. La rencontre entre les deux armées a lieu dans la région de Châlon-sur-Saône. Les Huns sont ...... vers l'Est.

4. *L'histoire. A quelles périodes de l'histoire se sont produits les faits suivants ?*

a) L'invention de la machine à vapeur.

b) La construction des grandes cathédrales françaises.

c) L'installation des Européens en Amérique.

d) La construction du Colisée de Rome.

e) La découverte du feu.

f) Le développement de l'imprimerie.

5. *Essai - échec - réussite. Décrivez ces scènes en utilisant les verbes du tableau.*

essayer tenter s'efforcer de... faire des efforts tâcher de...	échouer rater manquer	réussir parvenir à arriver à

❑ Grammaire

6. *Le conditionnel présent. Mettez les verbes à la forme qui convient.*

Il a posé sa candidature à un poste de direction. Il en parle à sa femme
« Tu sais, Claudine, si j'obtenais ce poste de direction, je (gagner) beaucoup plus d'argent. Les enfants et toi, vous (être) beaucoup plus heureux. Tu ne (être) pas obligée de travailler. Nous (pouvoir) louer un appartement plus grand où les enfants (avoir) chacun leur chambre. Patrice (faire) des études universitaires. Nous (partir) en vacances en Thaïlande. On (acheter) une maison de campagne... »

7. Le conditionnel passé. Réécrivez le texte ci-dessus en commençant par :

« J'ai une mauvaise nouvelle à t'annoncer, Claudine. C'est Lambert qui a eu le poste de direction. Dommage ! Si j'avais obtenu ce poste, j'. . . . . . »

8. La concordance des temps dans les conditionnelles. Imaginez une condition. Veillez à mettre le verbe à la forme qui convient.

Si . . . . . . dimanche, nous irions à la campagne.
Si . . . . . ., tu aurais réussi à ton examen.
Si . . . . . ., le plat que vous préparez sera réussi.
Si . . . . . ., vous vous sentiriez beaucoup mieux.
Si . . . . . ., tu te serais bien amusé(e).
Si . . . . . ., je me baignerai.

9. L'enchaînement des phrases. Elle commente le règne de Louis XIV. Complétez son discours de façon à ce que les phrases s'enchaînent. Utilisez le vocabulaire donné dans le livre (p. 162).

« Tu admires Louis XIV. Moi, je suis beaucoup moins enthousiaste. . . . . . ., son règne a été celui du rayonnement culturel de la France en Europe, ..., pendant ce règne, le pays a été presque continuellement en guerre.

Je sais bien qu'il y a des côtés positifs . . . . . . la France a acquis des frontières sûres, ..., l'économie s'est un peu développée.

. . . . . ., il y a aussi des côtés négatifs. . . . . . ., *l'absolutisme* : . . . . . . Louis XIV a écarté la noblesse du pouvoir . . . . . . il a presque supprimé le Parlement.

. . . . . . *la guerre* : la France a fait la guerre . . . . . . à la Hollande, ... à l'Allemagne . . . . . . à l'Angleterre . . . . . . à toute l'Europe ! . . . . . ., il y a eu aussi des guerres civiles entre catholiques et protestants. . . . . . ., *l'économie* : c'est vrai que Louis XIV a développé le commerce maritime et a créé des fabriques. Mais le résultat n'a pas été extraordinaire. . . . . . ., à la fin de son règne, les paysans étaient aussi pauvres qu'au début. »

❑ Écrit

10. ***Le rêve de Jean-Jacques Rousseau (1712-1778).***

Écrivain et philosophe du « siècle des lumières ». Jean-Jacques Rousseau a construit un système moral et politique fondé sur l'idée que « les premiers mouvements de la nature sont toujours droits ». Dans l'*Émile*, il nous donne des conseils pour l'éducation des enfants tout en exposant ses conceptions philosophiques. Dans le passage suivant, il s'imagine riche et nous dit comment il vivrait s'il était riche.

« Je n'irais pas me bâtir une ville en campagne, et mettre au fond d'une province les Tuileries devant mon appartement. Sur le penchant de quelque agréable colline bien ombragée, j'aurais une petite maison rustique, une maison blanche avec des contrevents verts [...] J'aurais pour cour une basse-cour et pour écurie une étable avec des vaches, pour avoir du laitage que j'aime beaucoup. J'aurais un potager pour jardin, et pour parc un joli verger [...] Les fruits, à la discrétion du promeneur, ne seraient ni comptés ni cueillis par mon jardinier [...].

Là, je rassemblerais une société plus choisie que nombreuse, d'amis aimant le plaisir, de femmes qui pûssent sortir de leur fauteuil et se prêter aux jeux champêtres [...]. Là, tous les airs de la ville seraient oubliés, et, devenus villageois au village, nous nous trouverions livrés à des foules d'amusements divers qui ne nous donneraient chaque soir que l'embarras du choix pour le lendemain [...] Tous nos repas seraient des festins [...] Le service n'aurait pas plus d'ordre que d'élégance ; la salle à manger serait partout, dans le jardin, dans un bateau, sous un arbre ; quelquefois au loin, près d'une source vive, sur l'herbe verdoyante et fraîche [...] ».

a) **Quelle conception Rousseau a-t-il de la vie en province ?**

b) **Quelle est celle des nobles et des bourgeois de son époque ?**

c) **Les mots suivants s'appliquent-ils a certains passages de ce texte :** poétique – idéaliste – utopique – élitiste – humble ?

d) **Partagez-vous le rêve de Rousseau ?**

11. ***Rupture et tentative de réconciliation. Rédigez les lettres.***

a) **Elle lui écrit pour lui annoncer qu'elle le quitte.**

Elle lui fait des reproches et fait la liste des raisons de son départ.

b) **Il lui écrit pour lui demander de revenir.**

Il lui dit qu'il est malheureux.
Il lui demande pardon.
Il lui fait des promesses : « Si tu revenais... ».

Utilisez le vocabulaire des rubriques « Réprimandes » et « L'enchaînement des phrases » (livre p. 162).

12. *Rédigez des argumentations.*

- Mme Colin est en vacances au bord de la mer avec ses enfants. M. Colin resté seul à cause de son travail, s'ennuie un peu pendant ses soirées. Amateur de musique, il vient d'acheter une superbe chaîne stéréo. Il écrit à sa femme pour lui faire part de son acquisition. Mais il craint que Mme Colin ne soit mécontente d'une telle dépense. Il justifie donc longuement son achat.
- Vos vacances approchent. Vous avez une idée précise de ce que vous avez envie de faire pendant ces vacances (voyage à l'étranger – activité sportive dans une région de votre pays, etc.). Mais vous avez aussi envie qu'un(e) ami(e) qui habite à 300 km de chez vous vous accompagne. Vous lui écrivez pour le/la convaincre de vous accompagner.

❑ Oral

13. *Le stress, maladie du monde moderne. Commentez ce document.*

Beaucoup de Français se disent stressés. 19 % ont déjà fait une dépression nerveuse et 40 % souffrent de trouble du sommeil.

Causes de ce nouveau fléau des temps modernes : l'accumulation de difficultés ou de frustrations dans la vie professionnelle, familiale ou personnelle (l'insécurité de l'emploi, la tyrannie du chef de service, les mésententes conjugales, les enfants difficiles, la course continuelle contre la montre, le bruit, la pollution, l'agressivité des autres, etc.).

Un stress prolongé peut être cause de fatigue, de trouble de l'humeur, de dépression. Il provoque des ulcères à l'estomac, favorise les maladies cardio-vasculaires et ouvre la porte aux virus et aux bactéries.

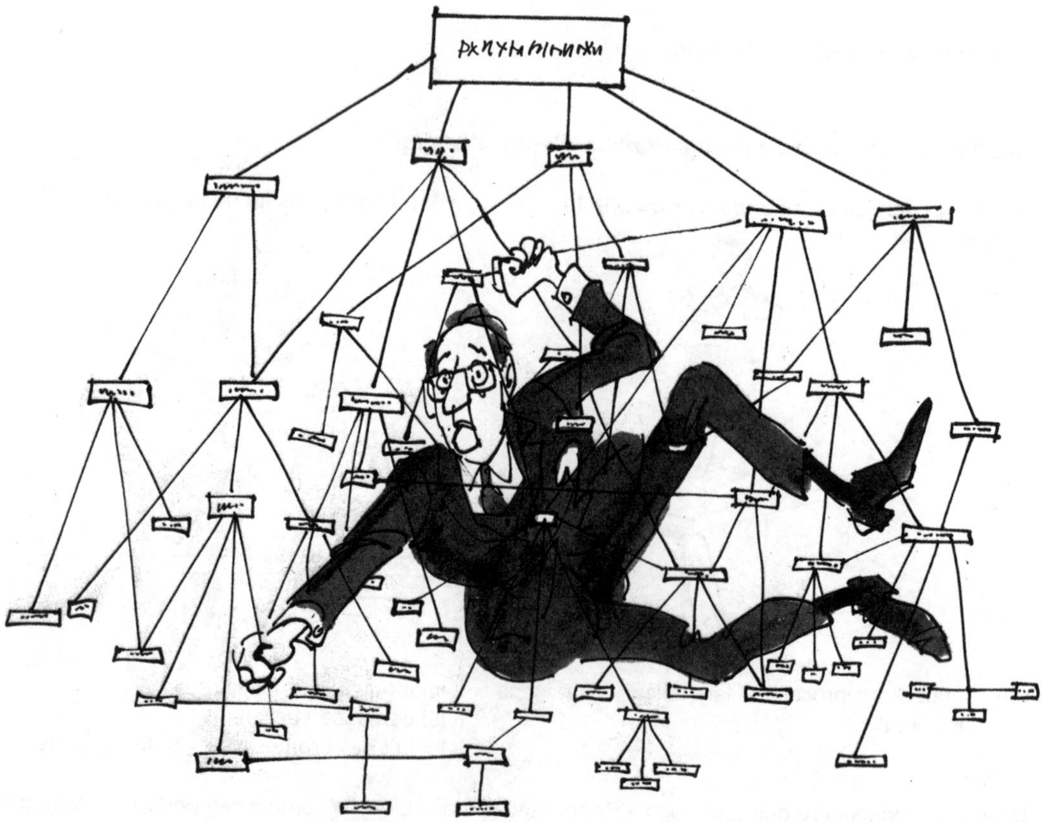

- **Avez-vous déjà été en état de stress ? Dans quelles circonstances ?**

LES MÉTIERS A RISQUE

Contrôleur aérien.
Pilote d'avion.
Conducteur de train.
Enseignant de collège ou lycée.
Instituteur.
Trader en bourse.
Standardiste.
Mineur.
Dentiste.
Garçon de café.
Dirigeant d'entreprise.
Caissière de supermarché.
Policier.
Claviste sur ordinateur.
Journaliste.

Liste non exhaustive, établie par Jean-Benjamin Stora, spécialiste du stress.

- **Pour quelles raisons chacun de ces métiers favorise-t-il le stress ?**

LES SYMPTÔMES DU STRESS

Vous êtes irritable.
Vous vous sentez persécuté par vos collègues immédiats.
Vous êtes victime de trous de mémoire.
Votre chef n'a pas beaucoup d'estime pour vous, du moins croyez-vous le deviner.
Vous avez des palpitations.
Vous vous réveillez systématiquement deux heures trop tôt.
Vous ne vous sentez plus à la hauteur.
Vos mains sont moites avant chaque réunion.
Vous avez soudain des maux de tête.
Vous êtes anxieux sans cause précise.
Vous avez mal au dos.
Vous avez de brutales envies de chocolat, d'alcool ou de tabac.
Vous ne parvenez à bien travailler qu'à la fin de la journée, sous pression.
Vous avez trop envie de manger, ou plus du tout.

LES « TRUCS » QUI AIDENT

Faites du sport (doux) régulièrement.
Cultivez votre sens de l'humour.
Abandonnez l'espoir de plaire à tout le monde.
Faites-vous dorloter, au pis par un masseur.
Tournez sept fois votre langue dans votre bouche avant d'exploser.
Moins de café, de tabac, d'alcool, mais n'abusez pas de l'ascétisme.
Si le travail vous déçoit, dégustez, entretenez votre vie privée.
Quoi qu'il arrive, gardez la face au boulot.
Déléguez, travaillez en équipe.
Résistez à votre patron.

L'Express, 23 septembre 1988

- **Avez-vous essayé ces « trucs » ? Y croyez-vous ?**

14. *Jouez au portrait chinois.*

Il s'agit de deviner le nom d'un personnage connu en l'identifiant à quelque chose :
Exemple : *Napoléon Ier*
Si c'était un monument, ce serait un arc de triomphe.
Si c'était un livre, ce serait *les Illusions perdues*.
Etc.

N.B. Pour que le jeu soit intéressant il ne faut pas être trop précis.
Exemple : à la question : « Si c'était un métier... », ne pas répondre « ce serait un empereur » mais plutôt « ce serait un militaire ».

Vous pouvez identifier les personnages à :
un métier – un pays ou une ville – une couleur – un bruit – une odeur – une voiture – un titre de livre, de film, de pièce de théâtre – un monument – un siècle – un animal – une fleur – un arbre – etc.

❑ Compléments

15. *Apprenez à jouer à la bataille navale.*

Le jeu consiste à détruire la flotte (ensemble de navires de guerre) d'un adversaire. Ces navires de guerre sont matérialisés par des cases placées dans une grille de 100 cases (10 × 10) représentant la mer.
Le jeu se joue à deux. Chaque joueur a devant lui une feuille de papier quadrillé sur laquelle il a dessiné deux tableaux carrés de 100 cases et les différents navires de la flotte de son adversaire :

1 porte-avions (P.A) — 2 croiseurs (C) — 3 lance-missiles (L.M) — 4 sous-marins (S.M)

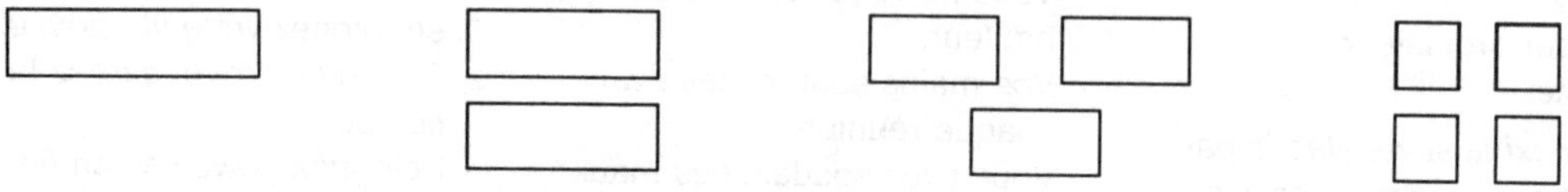

Chaque joueur dispose de 10 bâtiments de guerre :
1 porte-avions — 3 lance-missiles
2 croiseurs — 4 sous-marins

- **Répartition des navires de guerre sur la mer.**

Chaque joueur place sa flotte sur le tableau de gauche (sans le montrer à son adversaire).
Les bâtiments ne peuvent pas se toucher.
Ils ne peuvent toucher le cadre que par une case (les quatre cases des coins sont donc libres).
Les cases non occupées représentent l'eau.

- **Le combat.**

Le premier joueur tire trois missiles dont il donne la position :
Exemple : B 5 – G 4 – I 8.
Le deuxième joueur annonce le résultat du tir. Mais il ne donne pas de précision. Dans l'exemple précédent, il dira seulement :
« Porte-avion touché ; lance-missile touché »
Puis, il lance trois missiles à son tour.
Lorsque toutes les cases d'un bâtiment ont été touchées on annonce :
« Porte-avion (ou croiseur) coulé »
Le gagnant est celui qui a réussi à couler toute la flotte de l'adversaire.

N.B. Les joueurs doivent noter le détail de leurs tirs et les résultats. Ils pourront ainsi déduire la position des bâtiments de l'adversaire.

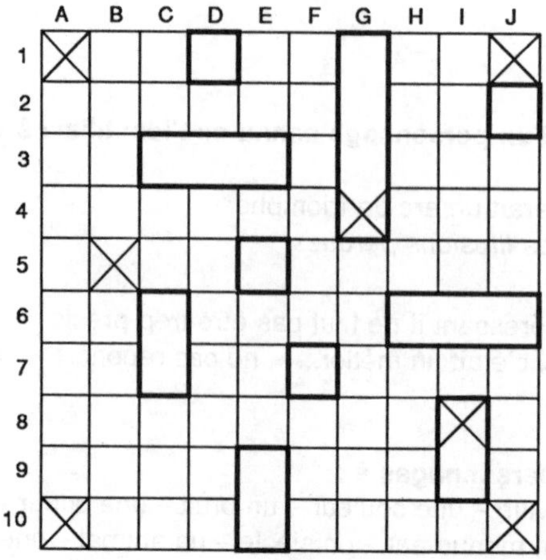

Exemple de disposition

Leçon 3

❏ Vocabulaire

1. *Énumérez les objets qui sont sur le bureau et dites quelle est leur fonction.*

Exemple : une gomme pour gommer, effacer.

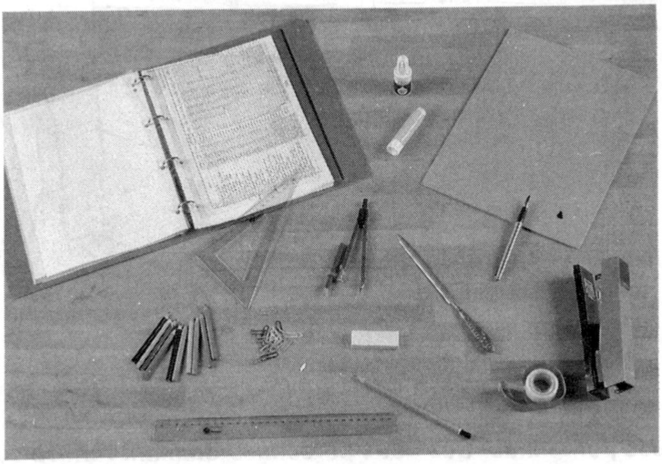

2. *L'école. Reliez le type d'école et l'activité qu'on y fait.*

a. l'école maternelle
b. l'école primaire
c. le collège
d. le lycée
e. l'université
f. une grande école
g. une école normale

A. on y prépare le baccalauréat.
B. on y fait des jeux et des activités éducatives.
C. on y forme les instituteurs.
D. on y apprend à lire, à écrire et à compter.
E. on y aborde une langue vivante, la physique, la chimie, l'algèbre.
F. on s'y spécialise dans une matière précise.
G. on se prépare à des postes importants dans une administration ou dans une entreprise.

3. *Expressions avec les parties du corps. Trouvez dans le tableau le sens des expressions soulignées.*

a) Il n'a pas trouvé la solution du problème. Et pourtant cela saute aux yeux.
b) Patrice était impossible ce matin. Il avait dû se lever du pied gauche.
c) Devant la pile de dossiers à étudier, elle est restée toute la journée les bras croisés.
d) Devine le nom de la petite amie de Patrice ?
– Je ne vois pas. Je donne ma langue au chat.
e) Le patron nous a donné un jour de congé supplémentaire. Mais ça me fait une belle jambe. J'aurais préféré une augmentation.
f) Depuis qu'elle m'a traité comme si j'étais son esclave, j'ai une dent contre elle.

– s'en moquer	– être évident	– ne rien faire
– en vouloir à quelqu'un	– avouer son ignorance	– être de mauvaise humeur

4. Les vêtements. Décrivez avec précision tout ce que cet homme va faire.

a) pour se mettre en maillot de bain.

b) pour se rhabiller après le bain.

enfiler-passer / quitter-enlever
serrer / desserrer
lacer / délacer
nouer / dénouer
boutonner / déboutonner

5. La description des personnes. Ces deux personnes donnent rendez-vous à quelqu'un qui ne les a jamais vues. Elles se décrivent brièvement. Que disent-elles ?

« Vous me reconnaîtrez facilement. Je suis . . . . . . »

6. ***Visage - figure - face. Complétez en utilisant l'un de ces trois mots.***

- La patineuse a fait de magnifiques . . . . . . artistiques sur la glace.
- Avec ses cheveux longs, ses lunettes noires et son grand chapeau, ou ne peut pas voir son/sa . . . . . .
- Robespierre est un(e) grand(e) . . . . . . de la Révolution française.
- Nous avons étudié le problème sous tou(te)s ses . . . . . .
- Si l'on s'éloigne un peu des endroits touristiques on peut découvrir le/la . . . . . . inconnu(e) de l'Afrique.
- Il y a peu de temps qu'on a pu photographier le/la . . . . . . caché(e) de la lune.
- Didier, fais ta toilette ! Et ne te lave pas seulement le/la . . . . . .

❏ Grammaire

7. ***Les mots composés. Donnez le sens de ces mots composés.***

- ***Dans le paragraphe a) les mots composés sont au singulier. Justifiez la terminaison « s » de certains d'entre eux.***
- ***Dans le paragraphe b) les mots composés sont au pluriel. Justifiez l'absence de « s » pour certains d'entre eux.***

a)	un porte-clés	un porte-monnaie	un porte-cartes
	un chasse-neige	un compte-gouttes	un porte-manteau
	un casse-noisettes	un gratte-ciel	un pare-chocs
b)	des tire-bouchons	des chasse-neige	des essuie-glace
	des haut-parleurs	des après-midi	des demi-heures
	des couvre-lits	des porte-monnaie	des lauriers-roses

8. ***L'expression de l'opposition. Présentez Patrick Blanchard.***

Patrick Blanchard est un entêté et un obstiné. Il a l'esprit de contradiction. Il n'en fait qu'à sa tête et n'écoute pas les conseils qu'on lui donne.

Présentez-le en construisant des phrases en opposition et en utilisant les éléments ci-dessous.

- Patrick sait qu'il est incapable de réparer sa voiture lui-même . . . . . . *(bien que)* . . . . . .
- On lui dit qu'il doit être ponctuel au bureau . . . . . . *(quand-même)* . . . . . .
- On lui conseille de préparer le concours de chef de service . . . . . . *(malgré)* . . . . . .
- Les professeurs de son fils lui disent qu'il doit l'aider dans son travail scolaire . . . . . . *(au lieu de)* . . . . . .
- Il sait qu'il doit arrêter de fumer parce qu'il tousse beaucoup . . . . . . *(pourtant)* . . . . . .
- On lui conseille d'aller voir un médecin . . . . . . *(bien que)* . . . . . .

9. *L'accord du participe passé avec les verbes pronominaux. Accordez les participes.*

- Jacqueline et Anne sont en froid. Hier, elle se sont *(rencontré)*. Elle ne se sont pas *(souri)* et ne se sont même pas *(dit)* bonjour.
- En essayant d'ouvrir une boîte de conserve, elle s'est *(coupé)* à la main.
- Les coureurs se sont *(préparé)* à l'épreuve du 1 000 mètres.
- Hier, Pierre et André se sont *(disputé)* dans la rue. Ils étaient ridicules. Ils ne se sont pas *(rendu)* compte que tout le monde les regardait.
- Mireille s'est *(rendu)* au rendez-vous que tu lui avais donné. Elle t'a attendu et elle s'est *(demandé)* si tu n'étais pas malade.

10. *Le discours indirect au passé.*

a) Réécrivez ce texte au passé : « Hier, Isabelle m'a proposé... »

b) Écrivez le dialogue entre Isabelle et son amie Nicole.

Isabelle me propose d'aller au restaurant. Elle me demande si j'aime les restaurants chinois parce qu'elle en connaît un tout près de la gare. J'accepte car elle me dit que nous y serons tranquilles et que nous mangerons bien. Je lui demande si on mangera avec des baguettes car je ne sais pas m'en servir ! Elle me répond que ce n'est pas très difficile, qu'elle me montrera comment faire et qu'elle est sûre que je me débrouillerai très bien.

11. *Les emplois du conditionnel. Justifiez l'emploi du conditionnel dans les phrases suivantes.*

a) action soumise à une condition
b) demande ou souhait
c) futur dans le passé
d) affirmation incertaine

SI VOUS ÉTIEZ LIBRE CET APRÈS-MIDI ON POURRAIT SE RETROUVER AU CAFÉ DE FLORE...

B

JE VOUDRAIS LE JOURNAL "LE MONDE" ET UN PAQUET DE CHEWING-GUM, S'IL VOUS PLAÎT.

A

Je vous serais reconnaissant de bien vouloir me retourner le formulaire ci-joint, rempli et signé

C

D

D'après certaines rumeurs, un remaniement ministériel aurait lieu dans quelques jours

J'ÉTAIS SÛR QU'IL NE VIENDRAIT PAS À CETTE SOIRÉE !!

E

AVEC CES NOUVELLES CONDITIONS, VOUS SERIEZ D'ACCORD POUR SIGNER ?

F

ALAIN AURAIT EU UN ACCIDENT ? QUAND ? JE NE SUIS PAS AU COURANT. JE VAIS LUI TÉLÉPHONER TOUT DE SUITE !

G

❑ Écrit

12. ***Lisez les conseils d'utilisation et expliquez la mise en marche de ce congélateur.***

Vous êtes l'installateur-livreur d'une société qui fabrique des appareils ménagers. Vous venez de livrer ce congélateur à un client. Expliquez-lui son fonctionnement. Utilisez les expressions de la rubrique « Expliquer » *(livre p. 170).*

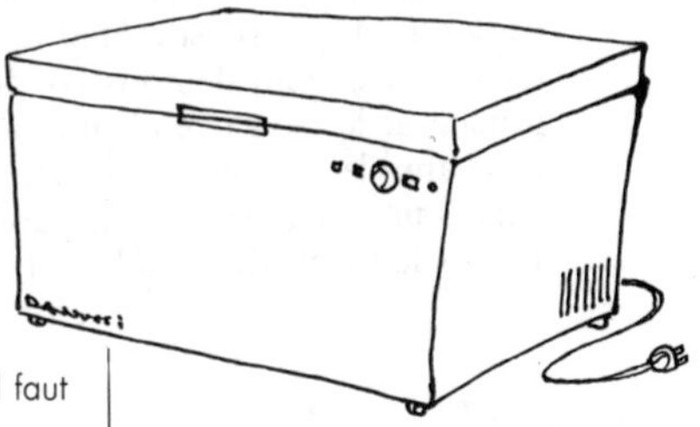

Conseils pratiques d'utilisation de votre congélateur

Vous venez d'acquérir un congélateur et, pour congeler et conserver vos aliments, il faut avant toutes choses :

1° Laver l'intérieur avec une éponge humidifiée d'eau savonneuse ou un détergent liquide pour vaisselle.

2° Avant de congeler quoi que ce soit, faire fonctionner l'appareil à vide pendant 12 heures ; au cours de ce laps de temps, le voyant rouge « Alarme » doit s'éteindre. Également, pendant ces 12 heures de fonctionnement, vérifier à l'aide d'un thermomètre la température de la partie conservateur (−18° à −20° température de conservation en marche normale) en agissant sur le thermostat et uniquement sur ce dernier (+ ou −).

3° Une fois ce processus terminé, vous pouvez alors congeler.

a) Avant d'introduire vos aliments frais à congeler, passer l'appareil en position « Super Congélation » 10 à 15 heures avant l'introduction de ceux-ci.

b) Ce temps écoulé, vous placez vos aliments à congeler dans la partie du congélateur réservée à cet effet en prenant soin au préalable d'avoir préparer les denrées suivant le « Précis de congélation » donné par le constructeur.
(Évitez en les rangeant de les mettre en contact avec des aliments déjà congelés).

4° Les aliments placés, vous laissez encore votre congélateur sur la position « Super Congélation » pendant 15 à 24 heures.

5° Ce dernier laps de temps écoulé, vous disposez alors les denrées dans la partie « Conservateur » de l'appareil et vous remettez le congélateur sur « Marche Normale ».

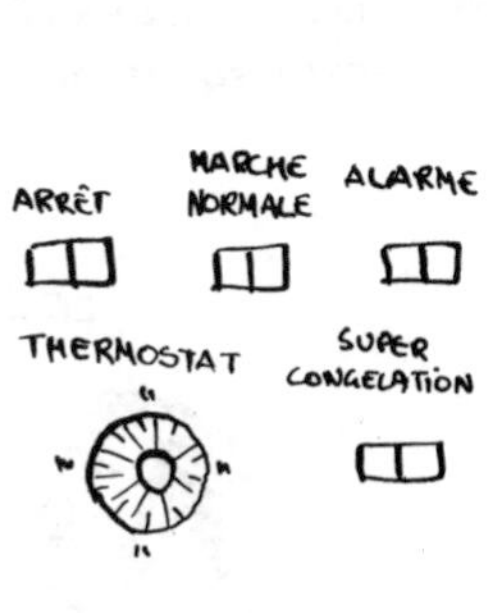

(Extrait du livret de Confiance, DARTY.)

13. Lisez cet extrait du roman de Patrick Modiano Rue des boutiques obscures.
Rédigez un scénario de film à partir de cet extrait.
Définissez le nombre de scènes et décrivez brièvement le décor de chaque scène.
Rédigez les dialogues.

La scène se passe en France pendant la guerre de 1939/45. Pedro *(le narrateur), sa femme* (Gay Orlow) *et deux amis* Freddie *et* Wildmer, *fuient l'occupation allemande et se réfugient dans les Alpes, tout près de la frontière suisse. Ils cherchent à passer en Suisse d'une manière clandestine. Ce n'est possible qu'à travers la montagne. C'est alors qu'ils rencontrent un étrange personnage,* Wrédé *et un moniteur de ski,* Besson.

Pourquoi, ce soir-là, ai-je lié conversation avec Wrédé ? Peut-être parce qu'il était d'un abord agréable. Il avait un regard franc et un air de joyeuse naïveté. Il riait pour un rien. Une attention qui lui faisait sans cesse vous demander si « vous vous sentiez bien », si « vous ne vouliez pas un verre d'alcool », si « vous ne préfériez pas être assis sur ce canapé, plutôt que sur cette chaise », si « vous aviez bien dormi la nuit dernière »... Une manière de boire vos paroles, l'œil rond, le front plissé, comme si vous prononciez des oracles.

Il avait compris quelle était notre situation, et, très vite, me demanda si nous voulions rester longtemps « dans ces montagnes ». Comme je lui répondais que nous n'avions pas le choix, il me déclara à voix basse qu'il connaissait un moyen de passer clandestinement la frontière suisse. Est-ce que cela m'intéressait ?

J'ai hésité un instant et lui ai dit que oui.

Il m'a dit qu'il fallait compter 50 000 francs par personne et que Besson était dans le coup. Besson et lui se chargeaient de nous conduire jusqu'à un point proche de la frontière où un passeur expérimenté de leurs amis les relaierait. Ils avaient ainsi fait passer en Suisse une dizaine de gens dont il citait les noms. J'avais le temps de réfléchir. Il repartait à Paris mais serait de retour la semaine suivante. Il me donnait un numéro à Paris : Auteuil 54-73, où je pourrais le joindre si je prenais une décision rapide.

J'en ai parlé à Gay Orlow, à Freddie et à Wildmer. Gay Orlow a paru étonnée que « Wrédé » s'occupât du passage des frontières, elle qui ne le voyait que sous l'aspect d'un jeune homme frivole, vivotant de trafics. Freddie pensait qu'il était inutile de quitter la France puisque nos passeports dominicains nous protégeaient. Wildmer, lui, trouvait à Wrédé une « gueule de rigolo », mais c'était surtout Besson qu'il n'aimait pas. Il nous affirmait que les cicatrices du visage de Besson étaient fausses et qu'il les dessinait lui-même chaque matin à l'aide d'un maquillage. Rivalité de sportifs ? Non, vraiment, il ne pouvait pas supporter Besson qu'il appelait : « Carton Pâte ». Denise, elle, trouvait Wrédé « sympathique ».

Ça s'est décidé très vite. A cause de la neige. Depuis une semaine, il n'arrêtait pas de neiger. J'éprouvais de nouveau cette impression d'étouffement que j'avais déjà connue à Paris. Je me suis dit que si je restais plus longtemps ici, nous serions pris au piège. Je l'ai expliqué à Denise.

Wrédé est revenu la semaine suivante. Nous sommes tombés d'accord et nous avons parlé du passage de la frontière, avec lui et avec Besson. Jamais Wrédé ne m'avait semblé aussi chaleureux, aussi digne de confiance. Sa manière amicale de vous taper sur l'épaule, ses yeux clairs, ses dents blanches, son empressement, tout cela me plaisait.

Rue des boutiques obscures, © Éd. Gallimard

☐ *Oral*

14. Discutez ces réflexions de l'« homme de la rue » sur l'école. Entendez-vous dire de telles remarques dans votre pays ?

Compléments

15. ***Un poème de Prévert.***

LE CANCRE

Il dit non avec la tête
mais il dit oui avec le cœur
il dit oui à ce qu'il aime
il dit non au professeur
il est debout
on le questionne
et tous les problèmes sont posés
soudain le fou rire le prend
et il efface tout
les chiffres et les mots
les dates et les noms
les phrases et les pièges
et malgré les menaces du maître
sous les huées des enfants prodiges
avec des craies de toutes les couleurs
sur le tableau noir du malheur
il dessine le visage du bonheur.

Paroles © Éd. Gallimard

a) Relevez tout le vocabulaire qui se rapporte à l'école.

b) Expliquez le comportement du cancre.

c) Êtes-vous d'accord avec le dernier vers ?

d) Le mot « cancre » est considéré aujourd'hui comme péjoratif. On lui préfère l'expression « un élève en difficulté ».
Pensez-vous que ces « élèves en difficulté » puissent se débrouiller dans la vie ?

e) La réussite scolaire est-elle indispensable à une réussite dans la vie ?

16. ***Histoires drôles.***

- « Qu'est-ce qu'un égoïste ? demande le professeur de français.
  – C'est quelqu'un qui ne pense jamais à moi » répond Toto.
- Toto rentre de l'école et montre son carnet de notes à son père.
  « Zéro en français, zéro en mathématiques, zéro en gymnastique, zéro partout ! C'est incroyable. J'aimerais bien savoir ce que tu vas me donner comme explication !
  – Eh bien, répond Toto, j'hésite entre l'hérédité et l'environnement familial. »
- Un inspecteur visite une école de traducteurs. Il demande aux élèves.
  « Est-ce qu'il y a parmi vous un bon traducteur de français ? »
  Alors une voix répond :
  « Oui. Je. »

❑ *Vocabulaire*

1. ***Factures, taxes et impôts. Les Français ont souvent des difficultés à déchiffrer le langage mystérieux des avis d'imposition ou de taxes à payer. Êtes-vous meilleurs qu'eux ? Essayez de déchiffrer les indications portées sur ce document.***

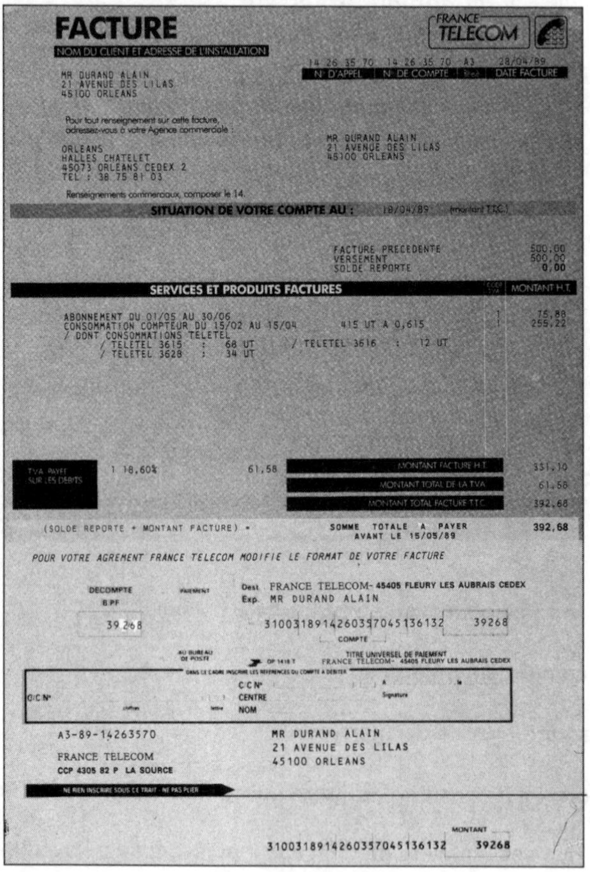

FACTURE

FRANCE TELECOM

NOM DU CLIENT ET ADRESSE DE L'INSTALLATION

MR DURAND ALAIN
21 AVENUE DES LILAS
45100 ORLEANS

N° D'APPEL	N° DE COMPTE		DATE FACTURE
14 26 35 70	14 26 35 70	A3	28/04/89

Pour tout renseignement sur cette facture, adressez-vous à votre Agence commerciale :

ORLEANS
HALLES CHATELET
45073 ORLEANS CEDEX 2
TEL : 38 75 81 03

Renseignements commerciaux, composer le 14.

MR DURAND ALAIN
21 AVENUE DES LILAS
45100 ORLEANS

SITUATION DE VOTRE COMPTE AU : 18/04/89 (montant T.T.C.)

FACTURE PRECEDENTE	500,00
VERSEMENT	500,00
SOLDE REPORTE	0,00

SERVICES ET PRODUITS FACTURES	CODE TVA	MONTANT H.T.
ABONNEMENT DU 01/05 AU 30/06	1	75,88
CONSOMMATION COMPTEUR DU 15/02 AU 15/04 415 UT A 0,615	1	255,22
/ DONT CONSOMMATIONS TELETEL		
/ TELETEL 3615 : 68 UT / TELETEL 3616 : 12 UT		
/ TELETEL 3628 : 34 UT		

TVA PAYEE SUR LES DEBITS 1 18,60% 61,58

MONTANT FACTURE H.T.	331,10
MONTANT TOTAL DE LA TVA	61,58
MONTANT TOTAL FACTURE T.T.C.	392,68

(SOLDE REPORTE + MONTANT FACTURE) = SOMME TOTALE A PAYER AVANT LE 15/05/89 392,68

POUR VOTRE AGREMENT FRANCE TELECOM MODIFIE LE FORMAT DE VOTRE FACTURE

DECOMPTE B.P.F. 39 268 PAIEMENT

Dest. FRANCE TELECOM- 45405 FLEURY LES AUBRAIS CEDEX
Exp. MR DURAND ALAIN

31003189142603570451361 32 39268
COMPTE

AU BUREAU DE POSTE — OP 1418 T — TITRE UNIVERSEL DE PAIEMENT FRANCE TELECOM- 45405 FLEURY LES AUBRAIS CEDEX

DANS CE CADRE INSCRIRE LES REFERENCES DU COMPTE A DEBITER

C.C N° chiffres lettre — C.C N° CENTRE NOM — A le Signature

A3-89-14263570

FRANCE TELECOM
CCP 4305 82 P LA SOURCE

MR DURAND ALAIN
21 AVENUE DES LILAS
45100 ORLEANS

NE RIEN INSCRIRE SOUS CE TRAIT - NE PAS PLIER

MONTANT

31003189142603570451361 32 39268

- De quel type de document s'agit-il ? Qui l'envoie ? A qui est-il adressé ?
- Quelle est la somme à payer ? De quoi se compose cette somme ? Que signifient H.T. et T.T.C. ? Quand doit-on payer ?
- Comment peut-on payer ?

2. ***Les événements de l'Histoire. Pour chacun de ces événements, trouvez un exemple dans l'histoire de votre pays ou dans celle des pays que vous connaissez.***

Couronnement : Napoléon a été couronné empereur par le pape en 1804.

- règne
- succession
- prise de pouvoir
- coup d'État
- révolution
- révolte
- abdication
- déclaration de guerre

3. ***Le changement. Complétez avec les verbes du tableau.***

bouleverser
changer
modifier
remplacer
renouveler
rénover
transformer

- La constitution de 1958 a été . . . . . . à plusieurs reprises sur des points précis.
- Le développement des transports et des communications a complètement . . . . . . la vie quotidienne des Français depuis 50 ans.
- La municipalité a décidé de . . . . . . les vieux immeubles du centre ville.
- Les Français doivent . . . . . . leur carte d'identité tous les dix ans.
- Une ampoule a grillé dans mon salon. Je dois la . . . . . .
- Jacques a eu beaucoup de malheurs l'année dernière. Il a perdu ses parents. Il a perdu son emploi. Ces événements ont complètement . . . . . . sa vie.

4. ***Les synonymes de aller. Complétez avec un verbe du tableau.***

circuler
se diriger vers
se déplacer
marcher
parcourir
se rendre à
rouler
suivre
traverser

- Ma voiture est en panne. Il m'est difficile de . . . . Est-ce que tu peux venir me chercher ?
- Malgré les interdictions, je trouve que les automobilistes . . . . . . de plus en plus vite sur les autoroutes.
- Une voiture banalisée de la police . . . . . . depuis une heure la voiture de Jo Tortini. L'homme vient de . . . . . . la ville du nord au sud. Maintenant il . . . . . . l'entrée de l'autoroute.
- Demain, je dois . . . . . . à Rome pour mes affaires.

❑ Grammaire

5. ***Sinon. Imaginez ce qui risque de leur arriver.***

- Je dois faire réviser ma voiture, sinon je risque de tomber en panne / d'avoir un accident / d'avoir des ennuis de freins, de moteur, etc.
- Il doit payer ses impôts, sinon . . . . . .
- « Monsieur », dit le commerçant à son client, « vous devez régler tout de suite toutes les factures que je vous ai envoyées depuis six mois, sinon . . . . . . »
- « Didier », conseille Jean-Marc à son ami, « tu dois être plus gentil avec les filles, sinon. . . . . . »
- « Vous devez arroser plus souvent votre jardin, sinon . . . . . . »
- Il doit absolument s'arrêter de fumer, sinon . . . . . .
- Cette année, pense à lui souhaiter son anniversaire, sinon . . . . . .

6. ***L'expression de l'obligation. Rédigez ce qu'ils disent en variant les expressions d'obligation.***

- M. et Mme Richard quittent la maison pour deux jours. Ils donnent des instructions à leur jeune fille au pair : ce qu'elle doit faire, ce que les enfants doivent faire.
- Philippe va faire la traversée du Sahara en voiture. Un de ses amis qui a déjà fait la traversée plusieurs fois, lui donne des conseils.

devoir
il faut que...
il est obligatoire de
il est nécessaire de
être obligé de
le (nom) est obligatoire
il est impératif que...

7. ***Les comparatifs appréciatifs. Présentez ce chef de service en utilisant les éléments ci-dessous et en employant les formes :***

tant (tellement) + verbe + que ...
si (tellement) + adjectif ou adverbe + que ...
tant (tellement) + nom + que ...

Construisez vos phrases comme dans l'exemple.

Robert Souvignac est un chef de service impossible...

- ...... ses employés passent leur temps à lire ses notes de services.

Exemple : Il donne tant de directives à ses employés qu'ils passent leur temps à lire ses notes de service.

- ...... les employés n'osent pas prendre d'initiatives.
- ...... on l'entend quelquefois crier à l'autre bout de l'usine.
- ...... ses employés ne savent pas par où commencer l'énorme quantité de travail qu'il leur donne.
- ...... il a renvoyé deux personnes. C'était une injustice.
- ...... tout le monde le déteste. Même le directeur.

8. *Le conditionnel des verbes devoir et pouvoir. Donnez des conseils. Qu'est-ce qu'ils auraient dû faire ? Qu'est-ce qu'ils auraient pu faire ? Qu'est-ce qu'ils devraient (pourraient) faire maintenant.*

Patrick (20 ans) est amoureux de Julie (18 ans). Il l'a rencontrée trois fois chez des amis mais il n'a pas trop osé lui parler. Hier, dans un élan de courage, il lui a téléphoné pour l'inviter au restaurant. Mais la jeune fille lui a dit qu'elle ne sortait pas en ce moment parce qu'elle avait un examen à préparer.
Patrick raconte son histoire à un ami qui lui donne des conseils.

« Tu aurais dû ......
Bon, maintenant, rien n'est perdu. Tu pourrais ...... »

Le poste de directeur du musée de Grenoble est vacant. Claire, une historienne de l'art très compétente a posé sa candidature. Elle a passé un entretien mais elle n'a pas été retenue.
Elle raconte son entretien à l'un de ses amis qui lui donne des conseils.

« Tu aurais dû ...... Tu aurais pu ......
La prochaine fois, tu devrais ...... »

❑ Écrit

9. *Analysez ces informations. Donnez un titre à chacune d'elle. Comment expliquez-vous le comportement de ces originaux ?*

■ **Detroit (USA).** Depuis trois jours, un inconnu distribue à Detroit des billets de 50 dollars. Le scénario est toujours le même. Une limousine s'arrête, un homme vêtu d'un smoking blanc en sort, distribue alentour des billets de 50 dollars puis remonte dans sa voiture. Nul ne sait combien d'argent il a ainsi distribué.

■ **Madrid (Espagne).** Pour la seconde fois en dix jours, un inconnu a lancé sur la chaussée des billets de 1 000 pesetas, provoquant des embouteillages dans la capitale. Déjà, le 25 octobre, un inconnu roulant sur le périphérique avait lancé par la fenêtre de sa voiture pour un million de pesetas (environ 50 000 F), en billets de 1 000 et de 5 000.

■ **Washington (USA).** Un représentant démocrate a proposé des solutions pour renflouer le budget : report de la retraite des employés fédéraux à 120 ans, indexation des allocations sociales sur les valeurs boursières, financement du bombardier *« invisible »* par des fonds *« invisibles »*. Enfin, installation des missiles mobiles MX sur les trains de voyageurs.

■ **Londres (G.-B.).** La femme d'un maçon londonien vient d'obtenir le divorce après 36 ans de mariage. Son époux lui réclamait 50 pence par semaine pour l'électricité consommée par le téléviseur. Elle avait dû lui verser cinq livres pour qu'il repeigne le plafond et lui rembourser l'installation d'une douche. La seule fois où il conduisit sa femme à son travail, il lui fit payer le prix de l'essence.

■ **Le Havre.** Un vieillard de 80 ans vivait dans une unique pièce d'un immeuble du centre-ville, se nourrissant des détritus qu'il trouvait dans les poubelles et rapportait chez lui. Alertés par les voisins, les policiers ont découvert dans le matelas du vieil homme une somme de 100 000 F en billets de banque. C'était la pension qu'il accumulait chaque mois sans en dépenser un centime.

L'Événement du Jeudi, 1-6-89, n° 239/30

- Ces anecdotes authentiques ont toutes pour thème les rapports des hommes avec l'argent. Imaginez des anecdotes originales sur un thème de votre choix (aventures à l'école ou à l'université, les rapports entre les hommes et leur voiture, les vêtements, etc.).

10. ***Remettez dans l'ordre les sept épisodes de l'histoire de Khalil.***

a)

Quelques jours plus tard, Khalil est condamné à être pendu. On le conduit à la potence mais au moment où le bourreau va lui passer la corde au cou, un homme sort de la foule et s'écrie :
« Cet homme est innocent. C'est moi l'assassin. »

b)

Malgré sa blessure à la tête, Khalil se met en route. Il marche toute la journée et quand la nuit tombe, il s'écarte du chemin pour trouver un endroit tranquille pour dormir. Il s'installe sous un palmier, mange quelques dattes et s'endort. Ce soir-là, la nuit est sans lune et Khalil n'a pas vu tout près du palmier le corps d'un homme assassiné allongé sur le sol.

c)

Le roi réfléchit puis, il fait appeler les parents du condamné.
« Selon la loi, leur dit-il, votre fils doit être pendu. Mais la loi permet que vous le rachetiez. »
Les parents du coupable acceptent alors de donner une grosse somme d'argent.
« Je vous rends votre liberté » dit le roi aux deux hommes. Puis, en s'adressant au coupable :
« Que s'est-il passé pour que tu te décides à reconnaître ton crime ? »

d)

Khalil habite Bagdad. Il est pauvre et malheureux. Quand les enfants l'aperçoivent ils se moquent de lui et le poursuivent en lui jetant des pierres.
Un matin, un enfant plus méchant que les autres lui jette une grosse pierre. Khalil tombe sur le sol et reste longtemps inanimé. Quand il revient à lui, il décide de quitter la ville.

e)

« Je me rendais à l'endroit où Khalil devait être pendu quand, tout à coup, j'ai vu devant moi un énorme dragon. Il me regardait et m'a dit : « si tu ne cours pas dire la vérité, je te dévorerai et, dans mes entrailles, tu brûleras éternellement. »
J'ai été effrayé par cette vision et je me suis précipité pour avouer mon crime.

f)

Les deux hommes sont conduits chez le roi qui les interroge longuement. Khalil raconte son histoire et, cette fois, on le croit.
Le roi ordonne qu'on pende immédiatement le vrai coupable :
Mais Khalil supplie alors le roi :
« Majesté, cet homme est peut-être coupable mais il est aussi généreux. Il aurait pu ne rien dire et me laisser mourir. Vous devez le gracier. »

g)

Le matin, des paysans qui se rendent aux champs aperçoivent deux hommes allongés dans l'herbe. Ils s'approchent, découvrent le cadavre et à côté de lui, Khalil, avec ses vêtements tachés de sang. Aussitôt, ils accusent Khalil.
« Je vous jure que je n'y suis pour rien » dit Khalil « La nuit m'a empêché de voir ce corps. Je viens de le découvrir. »
Mais les paysans ne le croient pas. Ils le ramènent jusqu'à Bagdad et le remettent à la police.

(D'après un conte du Moyen Orient)

a) Soulignez tout le vocabulaire relatif à la justice.

b) Racontez oralement cette histoire en plaçant les événements dans le passé : « C'est l'histoire d'un homme qui s'appelait Khalil et qui habitait Bagdad. . . . . . »

c) Jouez les dialogues :
- entre Khalil et les enfants
- entre Khalil et les paysans
- entre Khalil et le juge
- entre le roi, Khalil et le coupable
- entre le roi et les parents du coupable

❑ Oral

11. Connaissez-vous des proverbes ou des pensées sur l'argent. Quelles réflexions vous inspirent ceux-ci ?

On dit souvent en France :
L'argent ne fait pas le bonheur.
L'argent n'a pas d'odeur.
Plaie d'argent n'est pas mortelle.

Un proverbe allemand :
Dieu règne au ciel et l'argent sur la terre.

Une pensée de Plaute (dramaturge latin) :
« Pour gagner de l'argent, il faut en dépenser. »

Shakespeare fait dire à l'un de ses personnages :
« Quand l'argent précède, toutes les portes s'ouvrent. »

Un contemporain de Napoléon Ier :
« L'âge d'or était l'âge où l'or ne régnait pas. »

12. Décrivez ces évolutions. Comment ont-ils pu se transformer ? Utilisez le vocabulaire de « la progression de l'action » (livre p. 179).

- **Du singe à l'homme.**

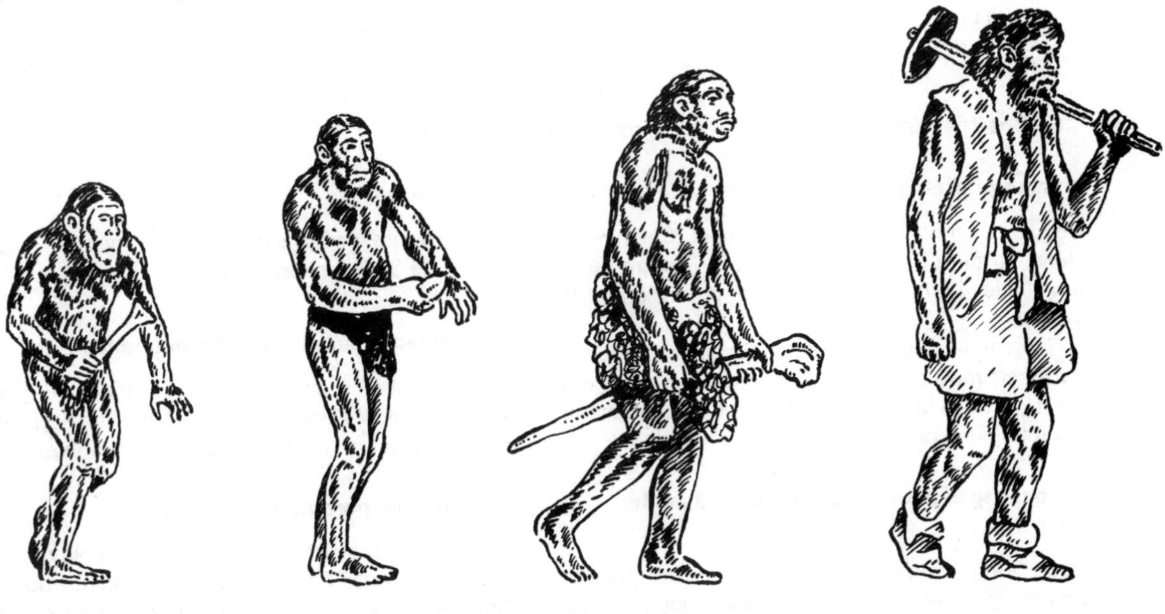

L'astrolopithecus robustus (3 millions d'années) — L'homo habilis (2 millions d'années) — L'homme de Néandertal (1 million d'années) — L'homo sapiens (35 000 ans)

Compléments

13. ***Complétez la grille avec des noms de personnages historiques célèbres. Dans les cases grises vous pourrez lire verticalement le nom d'un grand navigateur.***

1 - Si son nez avait été moins long, la face du monde aurait été changée.

2 - Roi d'Angleterre de 1509 à 1547. Il a épousé cinq femmes.

3 - Empereur germanique de 1152 à 1190. On l'appelait Barberousse.

4 - Reine de Castille (Espagne). En épousant le roi Ferdinand d'Aragon, elle a contribué à l'unité espagnole. On l'appelait « la Catholique ».

5 - Premier président des États-Unis.

6 - Empereur romain. Il gouvernait le monde romain retiré dans l'île de Capri.

7 - Grand président des États-Unis au début de la guerre de Sécession. Il a aboli l'esclavage.

8 - Grand homme politique, au siècle le plus brillant de la Grèce antique.

9 - Son empire comprenait l'Allemagne, les Pays-Bas, une partie de l'Italie, l'Espagne et l'Amérique au début du XVIe siècle.

10 - Elle a gouverné l'Angleterre pendant quarante-cinq ans au XVIe siècle.

11 - Homme politique originaire du Piémont (1810-1861). Un des premiers artisans de l'unité italienne.

12 - Homme politique français pendant la Révolution. Il est à l'origine de l'époque de la Terreur. Jugé comme un monstre par les uns, comme un pur par les autres.

13 - Grand conquérant de la Grèce antique. Il est mort à 33 ans.

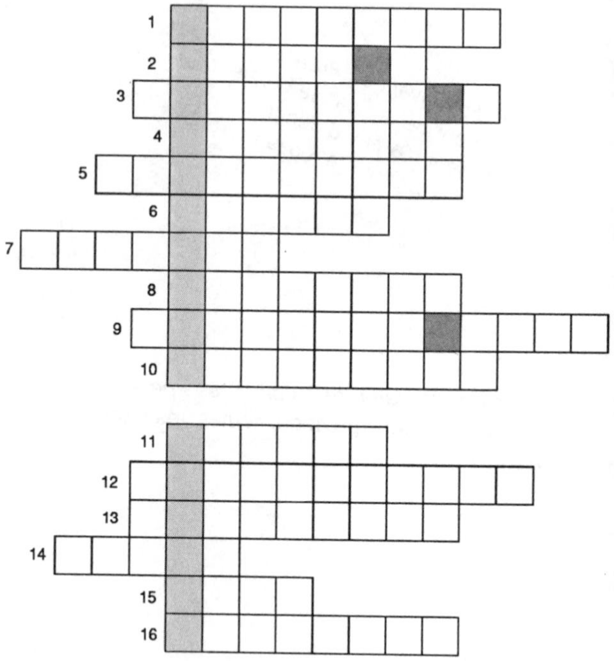

14 - Empereur de la Rome antique. Il a incendié Rome. Musicien.

15 - Grande dynastie d'empereurs chinois du XIVe au XVIIe siècle.

16 - Homme politique allemand (1815-1893). Il est l'artisan de l'unité allemande.

14. ***Curiosités historiques. Savez-vous depuis quand...***

on mange avec une fourchette ?

Depuis la fin du XVIe siècle seulement. C'est le roi Henri III qui a développé à la Cour l'usage de la fourchette. On ne s'en servait que pour manger la viande.
La fourchette a été introduite en France au début du XIVe siècle mais elle n'était utilisée que pour prendre les fruits dans la corbeille à fruits et pour maintenir les rôtis que l'on découpait.

les passages pour piétons existent dans les rues ?

Dans les villes de la Rome antique, les piétons pouvaient traverser les rues sur des alignements de pierres plates légèrement surélevées. Cela leur évitait un contact avec la poussière ou la boue.

on fait du ski ?

On a retrouvé en Suède, dans un marais, un ski datant de 3 000 ans avant J.-C.

on met les ordures dans des poubelles ?

Depuis 1884. C'est le préfet de Paris, Eugène Poubelle, qui a édicté une loi obligeant les Parisiens à déposer leurs ordures dans des récipients.

les hommes portent une cravate ?

Les cavaliers croates, mercenaires employés par Louis XIII et par Louis XIV portaient autour du cou une bande de linge appelée cravate. Les soldats français les ont imités, puis les civils, et le morceau d'étoffe noué s'est transformé au cours des siècles.

Leçon 5

❑ *Vocabulaire*

1. ***L'agriculture. Classez les produits suivants dans les rayons du supermarché.***

Indiquer : *F* pour *fruit*, *L* pour *légumes*, *C* pour *céréale*, *A* pour *assaisonnement et condiment*, et *M* pour *laitage*.

(F) un abricot	... une cerise	... du maïs	... une pomme
... de l'ail	... un épinard	... un navet	... une pomme de terre
... un ananas	... du fromage	... un oignon	... des petits pois
... un artichaut	... une fraise	... une orange	... un radis
... une banane	... des haricots	... de l'orge	... du riz
... du blé	... du lait	... une pêche	... du raisin
... une betterave	... une laitue	... du persil	... du thym
... du beurre	... du laurier	... une poire	... du seigle

2. ***Cherchez le mot intrus et expliquez pourquoi.***

a) un abricot – un ananas – une pêche – un avocat – une cerise

b) une poire – une pomme – une orange – une banane – un raisin

c) des petits pois – des cerises – des pommes de terre – des bananes – des haricots

Réponses :
a) l'ananas (il n'y a pas de noyau) – b) la banane (elle n'a pas de pépin) c) la pomme de terre (on ne mange pas le fruit de la plante mais une partie de la racine : le tubercule)

3. ***Le vocabulaire de l'agriculture dans les expressions familières. Par quel mot du tableau pouvez-vous remplacer chaque mot souligné ?***

avoir
laisser
arrêter
se relever
dépasser
ennui - problème

- Le voleur s'est fait <u>cueillir</u> peu après son cambriolage.
- Elle a eu un gros <u>pépin</u> de santé.
- J'en avais assez de me disputer avec lui. Je l'ai <u>planté</u> là et je suis parti.
- L'élève bavard a <u>récolté</u> une punition.
- Nous avons fait la course jusqu'au village. Mais André nous a vite <u>semés</u>.
- Il a fait une chute de vélo. Il s'est <u>ramassé</u> avec quelques égratignures.

4. *L'esprit, la raison, etc. Complétez avec un mot du tableau.*

- En acceptant de retirer un projet de loi qui était impopulaire, le gouvernement a fait preuve d'une très grande ......
- C'est à cause de Jacques que Michel a été renvoyé. Jacques ne doit pas avoir ...... tranquille.
- Je suis persuadé que Mireille passera me voir aujourd'hui. Elle ne m'a pas prévenu mais j'en ai ......
- Cet élève répond vite et avec intelligence. Il a ...... vif.
- Son intelligence n'est pas supérieure. Elle n'a pas de très grandes connaissances. Mais j'aime bien bavarder avec elle. Ce qu'elle dit est toujours plein de ......

le bon sens
la conscience
la compréhension
la connaissance
l'intelligence
l'esprit
la logique
l'intuition
la raison
la sagesse

5. *Les familles de mots. Complétez le tableau.*

Le verbe	Celui qui fait l'action	Le nom ou le résultat de l'action
explorer	un explorateur	une exploration
chercher	......	......
......	un inventeur	......
......	......	une conquête
philosopher	......	......
......	un cultivateur	......
......	......	un élevage
arroser	......	......
......	un adorateur	......
......	......	une croyance

Grammaire

6. *Les pronoms relatifs. Combinez les deux phrases en utilisant « qui », « que », « où », « dont ».*

- J'ai rencontré un type sympathique. Son frère est musicien. → J'ai rencontré un type sympathique dont le frère est musicien.
- Valérie est venue me voir. Je t'ai déjà parlé d'elle.
- Papa, est-ce que tu peux me donner ce vieux chapeau ? Tu ne t'en sers plus.
- Je suis allé(e) voir un film de Rohmer. Ça m'a passionné.
- Je vais vous montrer des photos d'un endroit superbe. Nous y avons passé nos vacances.
- Il va vendre sa vieille guitare. Il n'en joue plus.
- Quelqu'un t'a téléphoné pendant ton absence. Je ne me souviens plus du nom de cette personne.
- Il vient d'acheter une voiture d'occasion. Elle ne marche pas bien.

7. ***Démonstratif + relatif. Complétez avec celui qui/que/dont, ce qui/que/dont, etc.***

Un papa sympa

« Papa, je peux inviter des amis samedi soir ?

– Fais . . . . . . tu veux !

– On peut faire des brochettes dans le jardin ?

– Préparez . . . . . . vous plaît !

– Je peux t'emprunter un peu d'argent ? Je vais au supermarché.

– Mon portefeuille est sur mon bureau. Prends . . . . . . tu as besoin.

– Dis ! Je peux inviter tous mes amis ?

– Invite tous . . . . . . tu veux.

– Même . . . . . . s'est disputé avec toi l'autre jour ?

– C'est . . . . . . le père est inspecteur des impôts ?

– Oui.

– Alors invite-le avec ses parents. »

8. ***Les relatives exprimant le temps et l'espace. Complétez avec « que » ou « où ».***

Retour de vacances.

– Tu as visité le Périgord ?

– C'est de là . . . . . . je viens.

– Tu sais que c'est la région . . . . . . je suis née. Nous y allons chaque année et en revenant nous nous arrêtons toujours un peu en Sologne. Tu connais ?

– Non, mais c'est là . . . . . . nous irons l'année prochaine.

– Tu devrais y aller en avril. C'est la meilleure saison.

– Malheureusement, avril est un des mois . . . . . . je travaille le plus.

– Alors vas-y en mai. C'est une période . . . . . . il y a toujours de longs week-ends. Évidemment, tu trouveras beaucoup plus de touristes.

9. ***La probabilité. Ils regardent la météo pour demain et se demandent s'ils vont faire la longue promenade à pied qu'ils avaient projetée.***

Que diront-ils s'ils sont :
- en Bretagne ?
- dans les Pyrénées ?
- dans la région de Marseille ?
- dans le Nord-Est ?

Écrit

10. *Analysez ces découvertes technologiques. Pour chacune d'elles, précisez :*

- **dans quel domaine elles ont eu lieu,**
- **ce qu'elles apportent de nouveau.**

Ecrire directement à la main sur un ordinateur ? On y vient un peu plus chaque jour, semble-t-il. Cette fois, c'est IBM soi-même qui annonce que ses services de recherche ont mis au point le système suivant : vous écrivez avec un stylo spécial sur une sorte d'« ardoise électronique » qui mesure 22 cm sur 17. Rien n'apparaît sur l'ardoise. En revanche, les caractères que vous tracez s'inscrivent sur l'écran de l'ordinateur, lequel les transforme instantanément en signaux électroniques qu'il sait évidemment gérer. Vraiment fantastique, le progrès ! Une autre innovation pourrait évidemment inverser le processus : un ordinateur qui écrirait à la main sur du papier. Il apprendrait, pour cela, à identifier votre écriture personnelle et à la reproduire ensuite.

S'il est un moyen de lutter contre la pollution de la planète, il passe d'abord par cette technologie avancée si souvent décriée. Exemple type : les satellites d'observation en général, le plus puissant d'entre eux en particulier – Spot, en activité depuis mai 1986. Partout en Asie, Amérique du Nord ou Australie, s'ouvrent des stations réceptives de Spot, qui enregistre notamment l'état des forêts. C'est ainsi que le gouvernement français s'apprête à financer en grande partie un programme qui évaluera le taux de destruction de la forêt tropicale en Malaisie, en Indonésie, en Thaïlande et aux Philippines au cours des trois prochaines années. Un second satellite Spot sera lancé avant la fin de 1989.

Le gouvernement japonais annonce la construction pour la fin du millénaire d'un supercargo mû par turbine à gaz et qui atteindra la vitesse de 62 miles (100 kilomètres) à l'heure. Ce sera le « Concorde » des bateaux. Il mettra trois jours pour relier Tokyo à la Californie. Un prototype de cent mètres de long sera opérationnel dans cinq ans. Budget de recherche prévu : 2,5 milliards de francs.

Voici l'une des inventions les plus étonnantes et des plus utiles de ces dernières années : un « gant » qui permet aux sourds-muets de « parler » et de se faire entendre. Le gant, qui ne recouvre pas le bout des doigts, est truffé de capteurs placés aux jointures des phalanges et du poignet. Pour s'exprimer entre eux, les sourds-muets disposent depuis longtemps d'un langage de signes manuels. Les capteurs sont capables d'interpréter chacun des mouvements des doigts et de la main du « locuteur », autrement dit, de reconnaître chacun des signes. Un minuscule ordinateur intégré au gant assemble les signes en mots, transforme les mots en sons synthétiques équivalents – de l'anglais puisque le gant est en cours de développement à l'université Stanford, en Californie – et les retransmet à un petit amplificateur que le sourd-muet porte autour du cou. C'est ce son synthétique que peut entendre l'interlocuteur. Une suite est déjà prévue : relier l'amplificateur au téléphone.

Un gisement préhistorique, c'est un livre qu'on lit une seule fois : dès qu'on le fouille, on le détruit. Irrémédiablement. Sauf si l'on utilise une technique mise au point par les Instituts de paléontologie humaine et de topologie et de dynamique des systèmes de l'université Paris VII : les chercheurs enregistrent dans la mémoire d'un ordinateur les caractéristiques et la position de chacun des objets du site découvert, du plus minuscule au plus important, couche par couche. Travail de fourmi. Mais qui paie. Car, grâce à un logiciel spécial, ils parviennent ensuite à « relire » les fouilles sur leur écran. Compte tenu de la qualité des fouilles, conduites selon les préceptes du grand préhistorien André Leroi-Gourhan, cette véritable « base de données préhistoriques et paléontologiques » permet aux scientifiques de revisiter les sites prestigieux du Lazaret à Nice, ou de Tautavel. L'objectif : mettre en mémoire les fouilles de tous les hauts lieux qui racontent l'histoire de la France avant la France.

Le Point, n° 860, 862, 865.
Extraits de la rubrique *Futurs*

- **Présentez une découverte technologique récente qui vous a paru particulièrement originale.**

11. *Rédigez leur discours.*

- Après de longues années passées à Antenne 4, Patrice Dubourg part à la retraite. (Voir Livre, Unité 1 *La Guerre des Stars.*)
  Le P.-D.G. de la chaîne le décore de la médaille du travail. Dans son discours, il raconte la carrière de Patrice, parle de ses qualités et souligne avec humour ses défauts.
- Un chef d'entreprise présente à son personnel sa nouvelle associée : Patricia Leclerc, 35 ans. Il parle de sa carrière et met en valeur ses compétences.
- L'équipe du Dynamo vient d'engager un joueur italien. Henri Bouvet, le président du Dynamo, présente le nouveau joueur à l'équipe.

12. *Créez et décrivez une machine imaginaire.*

Jules Verne, écrivain français du XIXᵉ siècle a imaginé dans ses romans d'anticipation des machines extraordinaires qui préfigurent certaines inventions du XXᵉ siècle. Dans « Robur le conquérant » par exemple, c'est un gigantesque bateau-hélicoptère.
A votre tour, imaginez une machine extraordinaire (en évitant les clichés des films de science-fiction).

▲ *L'Albatros, la machine volante de Robur le Conquérant*

L'intérieur de l'Albatros ▶

❑ *Oral*

13. *Futurologie. Est-ce probable ou improbable ? Qu'en pensez-vous ?*

En 2020 :

- 90 % des élèves atteindront le niveau du baccalauréat.
- Tous les téléphones possèderont un écran qui permettra de voir l'interlocuteur.
- La médecine aura vaincu la chute des cheveux et le rhume.
- Certaines agences de voyages programmeront des week-end sur la lune.
- On aura vaincu la pollution. L'air sera d'une pureté totale.
- La paix règnera partout dans le monde.

14. *Quelques pensées philosophiques à commenter.*

- **Des sujets qui sont souvent posés à l'épreuve de dissertation du baccalauréat.**

« Je pense, donc je suis » Descartes (1596-1650)
« Le cœur a sa raison que la raison ne connaît pas » Pascal (1623-1662)
« Les morts gouvernent les vivants » Auguste Comte (1798-1857)
« L'enfer, c'est les autres » Sartre (1905-1980)
« Je me révolte, donc je suis » Camus (1913-1960)

- **Des sujets qui ne sont jamais posés puisqu'ils sont de l'humoriste Pierre Dac.**
- La mort, c'est un manque de savoir-vivre.
- L'avenir, c'est du passé en préparation.
- Une erreur peut devenir exacte selon que celui qui l'a commise s'est trompé ou non.
- La meilleure façon de prendre un autobus en marche, c'est d'attendre qu'il s'arrête.
- En hiver, on dit toujours « Fermez la porte ! Il fait froid dehors » Mais quand la porte est fermée, il fait toujours aussi froid dehors.

15. ***Les progrès scientifiques et technologiques sont-ils rassurants ou inquiétants ? Commentez ces articles et ces photos.***

COMMANDE A DISTANCE

Un émetteur électronique vous permet désormais, en restant dans votre fauteuil ou dans votre jardin, d'allumer ou d'éteindre la télévision, la lumière de l'entrée, de programmer le chauffage ou de mettre en route la machine à laver. Un autre appareil, le Mastervox, vous permet de donner ces mêmes ordres vocalement. Ces appareils sont la préfiguration de ce que sera dans quelques années, le RNIS (Réseau numérique à intégration de services). Il vous suffira alors de composer un numéro par téléphone ou par minitel pour donner des ordres à des centaines de kilomètres.

LES CLONES

En juin 87, l'Université du Wisconsin « fabriquait » deux veaux jumeaux par manipulation génétique. Des clones. Un an plus tard, une société privée Granada Genetics, améliorait encore le procédé et venait présenter en France un troupeau entier de veaux issus du même embryon. Une cinquantaine de clones, tous parfaitement identiques. Un journaliste de la télévision demanda : « Et est-ce qu'on pourrait faire de même avec les humains ? » « Pas de problème », répondit le généticien « mais pour l'instant, il n'y a pas encore de marché ».

Robot musicien

Station spatiale

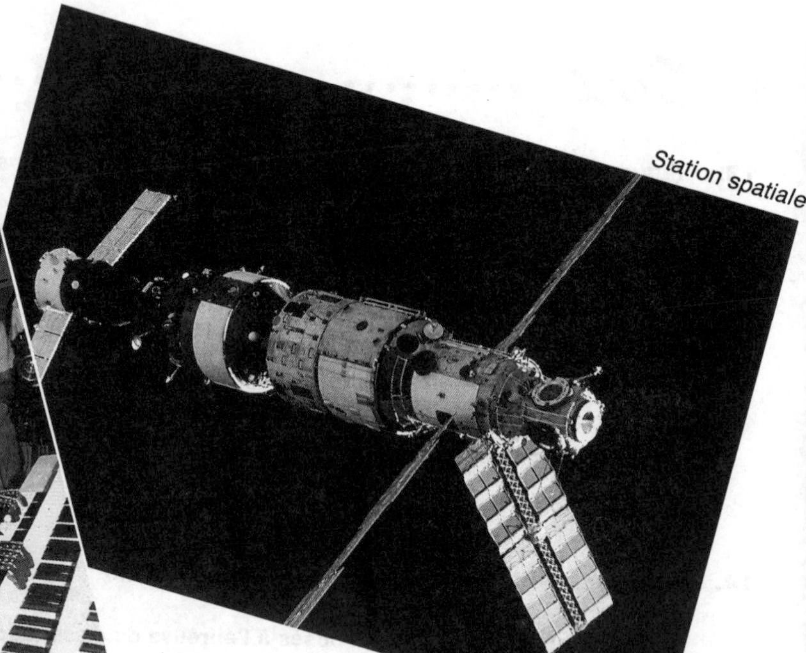

Compléments

16. ***Un poème de Verlaine.***

Un jour de mai 1828, un jeune homme de 16 ans apparaît dans la ville de Nuremberg en Allemagne. On ne sait pas d'où il vient. Son développement mental est celui d'un tout jeune enfant. Certains affirment alors qu'il s'agit du fils de la duchesse Stéphanie de Beauharnais, supposé mort trois jours après sa naissance et que sa mère n'a jamais vu. Gaspard sera assassiné cinq mois plus tard. Verlaine s'identifie à Gaspard pour opposer l'innocence de l'enfant sauvage et la méchanceté de la société.

GASPARD HAUSER CHANTE

Je suis venu, calme orphelin,
Riche de mes seuls yeux tranquilles,
Vers les hommes des grandes villes :
Ils ne m'ont pas trouvé malin.

A vingt ans un trouble nouveau
Sous le nom d'amoureuses flammes
M'a fait trouver belles les femmes :
Elles ne m'ont pas trouvé beau.

Bien que sans patrie et sans roi
Et très brave ne l'étant guère(1)*,*
J'ai voulu mourir à la guerre :
La mort n'a pas voulu de moi.

Suis-je né trop tôt ou trop tard ?
Qu'est-ce que je fais en ce monde ?
O vous tous, ma peine est profonde ;
Priez pour le pauvre Gaspard !

Sagesse, Paul Verlaine

---

(1) bien que je ne sois pas très courageux.

SOLUTIONS

Vous trouverez ici les réponses à tous les exercices qui ne demandent pas de formuler des idées personnelles.

UNITÉ 1 - Leçon 1

Ex. 1 : Le reporter (fait des interviews...) – L'animateur/l'animatrice (présente et commente...) – Le présentateur/la présentatrice (développe les informations...) – Le cadreur/le cameraman (filme...) – Le producteur/la productrice (assure le financement...) – La speakerine/le présentateur (présente les programmes...) – L'ingénieur du son (vérifie que le son...)

Ex. 2 : • Beaucoup de téléspectateurs trouvent que les émissions...
• Europe 1 est une station...
• ... « Le Point » et « le Nouvel Observateur ». Ce sont deux bons magazines d'information.
• J'ai écouté les informations de 13 heures... J'ai appris une nouvelle importante.
• ... Il a mis une annonce dans le journal.

Ex. 5 : Les cinq types de conjugaison sont les suivants :
arriver (demander - abandonner - apprécier - parler - donner)
répondre (vendre - perdre - descendre)
traduire (conduire - détruire - construire)
agir (réussir - finir - choisir)
aller

Ex. 6 : ... C'est la mairie qui m'emploie... Nous balayons les feuilles mortes. Nous nettoyons les allées. Ce travail m'ennuie beaucoup... Ils te payent (paient) bien ?... Essaie (essaye) de continuer !

Ex. 7 : • Mon mari et moi nous nous levons à 7 h. Les enfants se lèvent à 7 h et demie. Mon mari emmène...
• Demain nous allons nous promener dans la campagne. J'espère qu'il fera beau.
• ... Vous exagérez... vous pesez... Je pèse... je n'exagère pas.

Ex. 8 : a/ ... On dit que c'est le meilleur chef d'entreprise de la région. C'est un très bon patron. Il gère très bien... il est meilleur que Jacques Label. Il comprend mieux que lui...
b/ ... Charlotte Leblanc chante assez mal et c'est une mauvaise comédienne. Marie Dupuis chante encore plus mal qu'elle. Mais le pire de tous, c'est André Reynaud... la représentation d'hier soir était pire que celle de mardi.

Ex. 9 : • La Loire est plus longue que la Seine. Elle prend sa source à une altitude plus élevée (plus haut) mais son débit est moins fort.
• Les Pyrénées sont moins étendues que le Massif Central. Elles sont plus hautes.
• A Brest, en janvier il fait moins froid qu'à Paris, un peu plus froid qu'à Nice. Il fait aussi froid à Montpellier qu'à Brest. A Brest, en juillet il fait moins chaud qu'à Nice... Il pleut davantage à Brest qu'à Paris. Il pleut moins à Nice qu'à Brest ou qu'à Paris. Il pleut aussi peu à Nice qu'à Montpellier.

UNITÉ 1 - Leçon 2

Ex. 1 : Vol d'un tableau de Van Gogh.
Départ de la fusée Ariane.
Réception du Président français à la Maison-Blanche.
Modification (réforme) des lois sur la sécurité routière.
Prochaine construction d'une automobile entre Grenoble et Turin.
Transformation des quartiers sud de Lyon.

Ex. 2 : • ... un imperméable nous sera inutile.
• ... L'autre est inexacte.
• ... Celles que votre frère m'avaient données étaient imprécises.
• ... Mais il est totalement incapable de venir avec nous...
• ... Le nouveau est quelquefois impoli.

Ex. 5 : • ... C'est important (capital, essentiel) pour notre santé.
• ... Il ne peut parler que de choses banales.
• ... C'est un costume original.
• ... Il a un poste important.
• ... L'argent, le travail, la santé, la famille sont les problèmes quotidiens des gens.

Ex. 6 : L'inspecteur de police doit être courageux mais prudent. Il doit être observateur et avoir l'esprit logique...
Le professeur doit être intelligent. Il doit faire preuve de patience et de compréhension. Il doit avoir de l'autorité sur ses élèves.
L'homme politique doit être combatif, habile et parfois rusé. Il doit avoir de l'ambition...

Ex. 7 : • s'asseoir → assis (les autres participes passés se terminent par « -u »).
• découvrir → découvert (les autres p.p. se terminent par « -i »).
• rendre → rendu (les autre p.p. se terminent par « -pris »).
• sourire → souri (les autres p.p. se terminent par « -it »).

Ex. 8 : N : ... Qu'est-ce que tu as fait... tu es allée au bord de la mer ?
F : ... Nous avons trouvé... nous y sommes restés.
N : Vous avez visité...
F : Non, nous n'avons pas bougé. Nous nous sommes reposés. Pierre a passé ses journées à pêcher. Moi, je suis restée sur la plage et j'ai lu. Nicolas a tout de suite trouvé des copains. Ils se sont amusés... Ils ont organisé des jeux... J'ai été tranquille...

Ex. 9 : ... chacun est parti... Brigitte est rentrée... Laurent et Anne sont allés au cinéma. Valérie et Nathalie sont allées dans une discothèque. Jean-Jacques et Patrice sont restés au café... Hélène et moi, nous nous sommes assis (ou « assises » si le locuteur est féminin).

Ex. 10 : • Vous avez rencontré... je ne les ai pas vus.
• Tu as écouté... j'ai suivi... je ne l'ai pas écoutée.
• Vous avez eu... je l'ai envoyée... je n'ai encore rien reçu.

Ex. 11 : Il était trois heures du matin. Mme Ledoux dormait. Il faisait chaud et la fenêtre de sa chambre était ouverte. Tout à coup, un homme est entré par la fenêtre, a traversé la chambre et est allé dans la cuisine. Dans le frigo, il y avait un poulet... L'homme a mangé, a bu, puis est sorti de la maison...
Quelques minutes après, Mme Ledoux s'est réveillée. Elle avait soif. Elle est allée dans la cuisine pour boire un verre d'eau et, surprise ! Sur la table, elle a trouvé un demi-poulet... son sac n'était plus là. Elle a téléphoné... et a raconté...

Ex. 13 :

Lieu et date de d'accident	4 mars au sud de Melun	28 avril près d'Hawaï	26 juin à Habsheim, près de Mulhouse
Type d'appareil	Fokker 27 à hélices	Boeing 737-200	Airbus A-320
Nombre de passagers	19 passagers et 3 membres d'équipage	–	127 occupants
Causes de l'accident	Système de dégivrage défectueux Avion alourdi par la glace	Explosion. Moteur en feu. Cause inconnue (peut-être un défaut de l'appareil)	Inexpliqué
Circonstances	Chute de l'avion au cours de sa descente vers l'aéroport d'Orly (2 000 m d'altitude)	En plein vol	Au cours d'un vol de démonstration, l'avion, après avoir fait un passage à 20 mètres du sol, n'a pas pu reprendre de l'altitude
Dégâts et victimes	Appareil détruit Aucun survivant	Partie supérieure du fuselage arrachée. 1 mort et 60 blessés	Pas de précisions sur les dégât 4 morts et 98 blessés

Ex. 17 :

	1	2	3	4	5	6	7
A	C	U	I	S	I	N	E
B	E	N	N	E	M	I	S
C	R	I	T		I		T
D	T	R	E	N	T	E	
E	A		R	U	E	S	
F	I	D	E	E		S	E
G	N	O	S		P	A	R
H	E		S		O	I	E
I	S	I	E	S	T	E	S

Ex. 1 : Elle (Marie) va ressortir – Il (Pierre) va redescendre – Elle (Françoise) va revenir – Il (Michel) va revenir – Il (Jacques) va les rapporter... – Elle (Valérie) le ramènera...

Ex. 2 :

Idée de répétition de l'action	Idée de retour au point de départ
Il retournera (en Grèce)... J'y suis revenu deux fois (dans cette ville) Nous sommes repartis	
	Nous sommes redescendus Il doit me rapporter ce livre
Est-ce que tu les rapporteras cette année ?	

Ex. 3 : chaud → la chaleur – humide → l'humidité lourd → la lourdeur – frais → la fraîcheur dur → la dureté – sec → la sècheresse doux → la douceur

Ex. 4 : Verticalement, on peut lire dans les cases grises le nom de Brigitte Bardot, actrice française qui se consacre à la défense des animaux.

Ex. 5 : -b/Sens des expression imagées.
● poser un lapin : ne pas venir au rendez-vous qu'on a donné à quelqu'un.
● prendre le taureau par les cornes : faire face aux difficultés avec courage.
● avoir d'autres chats à fouetter : avoir d'autres préoccupations plus importantes.
● un drôle de zèbre : un individu bizarre.
● mettre la puce à l'oreille : éveiller des soupçons - intriguer.

Ex. 6 : ● Est-ce que tu auras... Je le saurai...
● ... nous irons voir... Il y aura... Je les prendrai
● ... Vous me paierez... je passerai...

Ex. 8 : ● La collision entre un camion et une voiture a provoqué la mort de 3 personnes.
● Les nombreux départs en vacances ont entraîné des embouteillages sur les routes.
● En raison des fêtes du 14 juillet, la circulation sera interdite sur l'Avenue des Champs-Elysées.
● Les étudiants sont en grève à cause de la réforme de l'Université.
● Les intoxications alimentaires qui se sont produites au restaurant Vatel sont dues à des conserves avariées.

Ex. 9 : Nous espérons arriver à l'heure.
Elle pense se marier au mois de juin.
Il croit pouvoir venir passer le week-end avec nous.
Vous êtes sûrs d'avoir assez d'argent.
Je suis sûre que vous réussirez... (transformation impossible)
Je crois avoir mal agi.

Ex. 10 : ● ...
un ...
vo...
d'...
...

Ex. 8 : Ce livre lui plaît.
Cette ambiance me plaît.
Je crois que je plais à M...
Je sais que François t...
Les films de Godard ...

Ex. 10 : Hier aprè...
une ancienn...
sa (mère) longte...
n'av...

UN...

Ex. 1 : ouvrier, employé
fonctionnaire → traitement
garçon de café → salaire et pourboire
médecin, avocat → honoraires
artiste, acteur → cachet
ces professions peuvent bénéficier d'indemnités (déplacements, logement, travail de nuit, etc.)

Ex. 2 : ● Pierre... n'a pas de profession. Il cherche un travail fixe... il fait des petits boulots, ici ou là.
● Florence... est sûre d'avoir plus tard une très bonne situation.
● Jacques occupe un poste important... Il a de nombreuses fonctions.

Ex. 3 : a/ inondation b/ tempête c/ incendie d/ accident d'avion e/ éruption volcanique f/ explosion d'une bombe, incendie, raz-de-marée, etc.

Ex. 4 : ● le fils de votre sœur → un neveu
● la fille de votre oncle → une cousine
● le mari de votre sœur → un beau-frère
● le père de votre conjoint → un beau-père
● le mari de votre fille → un gendre
● la femme de votre fils → une belle-fille
● la sœur de votre père → une tante
● le fils de votre fille → un petit-fils

Ex. 5 : ● ... faire un tour dans le parc... on peut voir une tour du XVe siècle.
● ... j'ai acheté un livre d'occasion. Je l'ai payé une livre et demie.
● ... où se trouve la poste... il occupe le poste de chef du personnel.
● ... à la dernière mode... ont un mode de vie.
● ... un fin politique... la politique étrangère.

Ex. 6 :

SINGE	MONDE	COMTE
SONGE	MONTE	COMME
SONDE	CONTE	HOMME

Ex. 7 : Nous avons expédié 1 000 cahiers grand format à la papeterie Legrand.
J'ai répondu le 25 avril à votre lettre du 20 avril.
Nous avons écrit deux fois au service des stocks.
J'ai présenté le nouveau modèle aux concessionnaires italiens.
J'ai promis à M. Dupuis 30 % de réduction.

ireille.
e plaît.
vous plaisent ?

s-midi, Julien a rencontré Martine, e collègue de bureau. Elle était avec Il n'avait pas vu la jeune fille depuis mps mais il l'a tout de suite reconnue. Elle ait pas changé. Julien a hésité un moment our se décider à lui parler et c'est Martine qui, la première, a fait signe au jeune homme. Il s'est approché et elle l'a présenté à sa mère. La vieille dame lui a dit qu'elle avait entendu parler de lui et qu'elle était ravie de le rencontrer. Alors, il leur a proposé d'aller continuer la conversation à la terrasse d'un café. Mais les deux femmes étaient pressées. Martine lui a quand même donné son numéro de téléphone et sa mère lui a demandé de venir bientôt les voir.

Ex. 11 : Vous avez assisté... j'ai tout vu... une grosse voiture s'est arrêtée... Les deux hommes n'ont pas bougé... C'est la femme qui est sortie. Elle était armée... elle l'a menacée... Je les ai appelés... ils ne m'ont pas entendue... Vous avez remarqué... Je ne les ai pas vus... Ils étaient tous masqués et ça s'est passé très vite... Je l'ai notée.

UNITÉ 1 - Leçon 5

Ex. 1 :
- ... C'était faux... Pierre nous a menti.
- ... Devine !... C'est vrai (exact)...
- ... elle nous cache quelque chose. J'ai découvert...

Ex. 2 : a : moquerie b : mot d'esprit - humour c : blague d : ironie

Ex. 4 : un déménageur - déménager - un déménagement
un juge - juger - un jugement
un critique - critiquer - une critique
un menteur - mentir - un mensonge
un commentateur - commenter - un commentaire
un présentateur - présenter - une présentation
un accusateur - accuser - une accusation

Ex. 6 : un pin/un pain – un chant/un champ – une chaîne/un chêne – le cou/un coup – laid/le lait – la faim/la fin – la tante/la tente – un conte/un comte – le poids/le pois – un ballet/un balai

Ex. 3 : facilement - bruyamment - gaiement (ou gaîment) - joliment - prudemment - courageusement - sportivement - méchamment - fraîchement - vivement - différemment - follement - bizarrement - savamment - longuement

Ex. 5 : méchamment → Elle a puni son fils avec méchanceté/sans indulgence.
orgueilleusement → Il parle de son château avec orgueil/sans modestie.
tristement → Elle nous a raconté son histoire avec tristesse/sans joie.
calmement → Il est resté assis avec calme/sans s'énerver.
stupidement → Elle a agi avec stupidité/sans intelligence.

Ex. 7 :
- ... comment s'appelle le pape. Il doit épeler...
- ... Je les achète en été et je les congèle.
- ... Nous rappelons aux enfants qui jettent des papiers...

Ex. 8 :
- ... elle travaille autant que sa fille. Elle est aussi dynamique...
- ... J'ai autant marché que toi... J'ai autant besoin de repos.
- Julien... bavarde autant et il est aussi peu travailleur.
- Michel conduit aussi vite... il a autant d'accidents.

Ex. 11 :
- N'avez-vous pas visité son château ? – Non, je ne l'ai pas visité.
- Ne lui avez-vous pas parlé ? – Non, je ne lui ai pas parlé.
- N'avez-vous pas été invité(e) chez lui ? – Non, je n'ai pas été invité(e) chez lui.
- Ne l'avez-vous pas trouvé(e) étrange – Non, je ne l'ai pas trouvé(e) étrange.

Ex. 12 : ... Non, je ne vous reconnais pas... Si, j'ai fait mes études à Poitiers.
... Oui, je les suivais... Si, j'ai fait un exposé sur Balzac.
... Non, je ne m'en souviens pas.

UNITÉ 2 - Leçon 1

Ex. 1 : a : l'haltérophilie - b : le basket-ball - c : le golf - d : le ski - e : l'équitation - f : la boxe - g : la gymnastique.

Ex. 2 : L'haltérophile doit être fort, avoir de la force dans les bras.
Le basketteur doit être souple, adroit, rapide. Il doit avoir de bons réflexes.
Le joueur de golf doit avoir de la force dans les bras. Il doit être adroit...

Le skieur doit être résistant. Il doit avoir le sens de l'équilibre...
Le jockey doit être léger, souple et avoir le sens de l'équilibre...
Le boxeur doit être fort, adroit, résistant. Il doit avoir de bons réflexes...
Le gymnaste doit être souple, léger...

Ex. 3 : a - la natation b - le rugby c - le basket-ball d - le tennis e - l'haltérophilie f - le ski g - le cyclisme h - le saut en longueur i - le patinage artistique j - l'équitation.

Ex. 4 :
- Le joueur de golf a frappé (envoyé)... elle l'a manqué (raté).
- ... il faut saisir la perche... ne lachez pas la perche !
- Barada a frappé le ballon... il l'a envoyé dans les filets.
- L'haltérophile a essayé de soulever 220 kg mais il a tout de suite reposé (laissé tomber) la barre.
- Je vais vous lancer le ballon. Essayez de l'attraper !

Ex. 5 : un score/un résultat – un challenge/une compétition – un match/une rencontre/une partie – un sprint/une accélération, une course de vitesse – un set/une manche – un goal/un gardien de but – un shoot/un tir.

Ex. 7 :
- C'est moi qui l'ai gagnée
- Non, c'est nous qui le préparons
- Non, c'est mon mari qui vous a téléphoné
- Non, c'est toi qui a fait le meilleur temps

Ex. 6 : a - J'ai déjà vu quelque part cette femme qui est assise en face de moi et qui me regarde.
b - Un homme blond de 40 ans qui a les yeux bleus et qui tient un bouquet de fleurs entre.
c - De part et d'autre de l'autoroute qui conduit à l'aéroport, on peut voir de grandes maisons entourées de parcs magnifiques qui ont été construites après la guerre.
d - Dans ma boîte ce matin, je trouve une lettre où j'aperçois le timbre du service des impôts et que j'ouvre maladroitement.
e - L'arbitre arrête un instant le match pour laisser sortir Gomez qui est blessé et qu'un infirmier aide à marcher.

Ex. 8 : Le club de football est dirigé par M. Bouvet.
Ce journal est lu par 300 000 personnes.
Tous ces vieux immeubles vont être démolis par la municipalité.
« Non, rien de rien » a été chanté par Édith Piaf.
Ces beaux poèmes ont été écrits par Rimbaud.
Nous avons été beaucoup aidés (par quelqu'un).

Ex. 9 :
- Fatiguée par une longue journée de marche, Danielle est allée se coucher.
- Blessé à la tête et aux jambes, le conducteur...
- Poussé par un vent violent, l'incendie...
- Renvoyé par son chef de service, Patrice...
- Applaudi par tous les spectateurs, le champion du monde...
- Appréciés des connaisseurs, les vins français...

Ex. 10 : ... Nous n'en avons presque plus... J'en prendrai... J'en prendrai un... Il n'y en a plus beaucoup... Achètes-en !... Je ne l'oublierai pas... Prends-la si tu veux.

UNITÉ 2 - Leçon 2

Ex. 2 : a - Il faut balayer, passer l'aspirateur, essuyer les meubles, enlever (faire) la poussière, ramasser les papiers, etc.
b - Il faut nettoyer, passer un produit nettoyant, frotter, etc.
c - Il faut les cirer (passer de la cire), faire briller avec un chiffon.
d - Il faut débarrasser la table, faire la vaisselle, essuyer les assiettes et les couverts, ranger, etc.
e - Il faut faire la lessive, mettre le linge dans la machine à laver, étendre le linge, repasser le linge.
f - Il faut faire les courses, aller au marché (au supermarché), acheter... choisir...

Ex. 6 : « Arnaud, il faut que tu étales la nappe et que tu mettes le couvert. Sylvie et Romain, il faut que vous alliez ramasser un peu de bois mort, que vous allumiez le feu et que vous fassiez griller les saucisses. Delphine, il faut que tu m'aides. Il faut que nous allions chercher les paniers dans la voiture. Arnaud, il faut que tu appelles ton père. Il faut qu'il vienne nous aider. »

Ex. 7 : Je voudrais qu'il fasse beau.
Je souhaite qu'elle le revoie.
Je souhaite que tu ailles mieux bientôt.
Je souhaite qu'ils arrivent avant le départ de l'avion.
Je voudrais que tu viennes.

Ex. 9 :
- ... comme dessert → pour le dessert.
- ... comme sa sœur → de la même manière que sa sœur.
- Comme nous arrivions → il sortait au moment où nous arrivions.
- Comme il a changé → il a vraiment beaucoup changé (exclamatif).
- Elle a travaillé comme serveuse → elle a fait le travail de serveuse.
- Comme nous aurons nos vacances... → puisque nous avons nos vacances...
- Il écrit comme il parle → de la même manière qu'il parle
- Comme nous finissions le repas... → au moment où nous finissions le repas...

UNITÉ 2 - Leçon 3

Ex. 1 :

1 TAMBOUR	7 TROMPETTE
2 PIANO	8 ACCORDÉON
3 FLÛTE	9 BATTERIE
4 ORGUE	10 VIOLON
5 GUITARE	11 VIOLONCELLE
6 CLARINETTE	12 MANDOLINE

Ex. 3 : L'ordre peut être le suivant :
b - g - d - f - a - i - h - e - c - j

Ex. 5 : A b - B c/e - C d - D c/e - E a

Ex. 6 : Nous n'avons que deux jours de vacances.
Je n'ai que 250 F sur moi.
Il ne s'entraîne qu'un jour par semaine.
Elle n'a préparé à manger que pour trois personnes.
Je n'ai qu'une heure à y consacrer.
Celle-ci n'a que 200 pages.

Ex. 7 : • Quel genre de musique... Laquelle préférez-vous ?
• ... Lesquels prenez-vous ? ... Quel est votre nom ?
• ... C'est lequel ? ... Quel âge a-t-elle ?

Ex. 8 : Ce qui m'intéresse, c'est le cinéma.
Ce qui me plaît, c'est...
Celui qu'elle trouve sympathique, c'est...
Celles qu'elle va inviter, ce sont ... (c'est...)
Ce que je vais faire, c'est...
Celles que je n'aime pas, ce sont... (c'est...)

Ex. 9 : ... ce que tu veux... tu peux faire ce qui te plaît... mais ce qui m'ennuie... Avec ce que tu gagnes... tout ce que je dois payer... C'est ce que je fais.

Ex. 10 :

1. Celle-ci est...	2. Celui-là est...
3. Celui-là est	4. Ceux-ci sont...
5. Celles-là sont...	6. Celui-ci est...

Ex. 11 : Ordre des épisodes.
d - c - g - a - f - i - b - e - h

UNITÉ 2 - Leçon 4

Ex. 1 : Hélène → répondeur-enregistreur
Michel → salon Louis XV
Agnès → lit bébé
Patrice → billard
Sandrine → piano droit

Ex. 2 : Depuis la naissance de Valérie, l'appartement de Mme et M. Hernandez est devenu trop petit. Ils décident de déménager. Ils commencent leurs recherches, ouvrent leur journal à la page des petites annonces, téléphonent aux agences immobilières ou aux propriétaires. Ils voudraient trouver un appartement dans un quartier moderne du centre ville. Ils ne souhaitent pas acheter, ils veulent seulement louer. Finalement, ils découvrent ce qu'il leur faut. Mais le prix est un peu élevé. En discutant avec le propriétaire, ils réussissent à faire baisser le prix. Quelques jours après, ils signent un bail de 5 ans. Ils vont pouvoir emménager.

Ex. 4 : a/
→ Son échec l'a rendu triste.
→ Les vacances l'ont rendue gaie.
→ Pierre rend Jacqueline heureuse.
→ La lettre de rupture qu'il a reçue d'elle l'a rendu fou.
→ L'attente de son résultat le rend nerveux.

Ex. 5 : Dialogue entre une mère et son fils, la veille du jour de l'an.
– Patrick, tu es allé acheter les cartes de vœux ?
– Oui maman, j'y suis allé.
– Tu as écrit ces cartes ?
– Oui, je les ai écrites.
– Tu as pensé à mettre les adresses sur les enveloppes ?
– Oui, j'y ai pensé.
– Tu as fait attention à l'orthographe ?
– Oui, j'y ai fait attention.
– Tu n'as pas oublié d'envoyer une carte à l'oncle Bergaud et à Mireille ?
– Non, je n'ai pas oublié. (Non, je n'ai pas oublié de le faire. Non, je ne les ai pas oubliés.)
– Et tu as pensé à Jacqueline et à Michel ?
– Oui, j'ai pensé à eux.

Ex. 6 : • Si vous faites vérifier régulièrement votre voiture, vous n'aurez jamais de problèmes.
• Il s'est ruiné parce qu'il jouait au casino.
• Quand je suis arrivé(e) chez eux, j'ai vu que les volets étaient fermés.
• Si vous roulez comme un fou, vous allez avoir un accident.
• Quand je suis entré(e) dans son appartement, j'ai tout de suite remarqué la photo d'Isabelle.
• Si vous travaillez 15 heures par jour, vous allez vous rendre malade.

Ex. 7 : Il chante en s'accompagnant d'une guitare.
Elle m'a dit bonjour en souriant.
Il a ouvert la porte en la poussant fortement.
Je connais toutes les personnes habitant mon immeuble.
Les familles élevant beaucoup d'enfants bénéficient d'une allocation.
Il s'est habillé en se dépêchant.

Ex. 8 : Elle a les yeux brillants.
Ces enfants sont amusants.
Il a dit des paroles blessantes.
Cette promenade était fatigante.
Elle fait des réflexions étonnantes.
C'est un quartier bruyant.
Ces secrétaires sont toujours souriantes.

Ex. 10 : a - Je suis très content que votre fils soit guéri.
b - Je suis déçu (désolé) que Danièle et Roland divorcent.
c - Je suis satisfait (content) que notre équipe de football soit première.
d - Ça me fait plaisir (je suis content) que tu aies ton bac.
e - Je suis satisfait que mon patron augmente mon salaire.
f - Je suis enthousiasmé (ça me fait plaisir) que Raphaëlla m'invite...

Ex. 11 : • Il s'est produit une explosion devant le n° 8 de la rue de Lille.
• J'ai entendu le bruit d'une explosion. Ça venait de la rue de Lille.
• Jacques Bernaud était candidat aux élections. Il lui a manqué 10 voix pour être élu.
• Il est arrivé une catastrophe dans la station des Arcs. Une cabine du téléphérique s'est décrochée. Ça n'était jamais arrivé.
• Tu as mangé la moitié de la boîte de biscuits. Ça suffit !

Ex. 17 : a : *Richard III* – b : *Huis clos* – c : *Andromaque* – d : *Le Cid* – e : *Les Fourberies de Scapin* – f : *Hamlet* – g : *Le Mariage de Figaro* – h : *Ruy-Blas* – i : *Chacun sa Vérité* – j : *La Vie est un songe.*

UNITÉ 2 - Leçon 5

Ex. 1 : • Dur : exercice (difficile) - climat (rigoureux) - steak (résistant) - personne (impitoyable)
• Doux : voix (harmonieuse) - café (sucré) - tissu (fin) - climat (agréable)
• Grave : voix (basse) - sujet (important) - maladie (sérieuse)
• Aigu : son (haut) - douleur (précise et forte) - pointe (fine)
• Fort : homme (robuste) - femme (grosse) - en math (doué) - plat (épicé, relevé)
• Faible : bruit (léger) - caractère (indécis) - enfant (fragile) - démonstration (insuffisante).

Ex. 2 : a : louer (vanter) b : analyser c : critiquer d : démolir e : commenter.

Ex. 3 : Le P.-D.G. : dirige l'entreprise, préside les conseils, représente la société, ...
Le directeur commercial : analyse la concurrence, étudie les marchés, prospecte, ...
Le chef des projets : crée de nouveaux produits, expérimente, cherche, ...
Le comptable : paie les factures, le personnel, fait les comptes, ...
Le service des expéditions : envoie les paquets, exécute les commandes, ...
La secrétaire du directeur : prend les rendez-vous, ...
La dactylo : tape les lettres, ...
Le client : passe les commandes, règle les factures, ...

Ex. 5 : Demain 18 décembre, à 9 h, les musiciens se mettront à répéter pour leur prochain concert. A 10 h, ils seront en train de jouer le Concerto pour flûte de Mozart. A 10 h 30, ils s'arrêteront de jouer et feront une pause. A 11 h, ils reprendront la répétition (ils recommenceront, ils se remettront à jouer) et ils finiront à 12 h 30.

Ex. 7 : • Avez-vous déjà visité le musée du Louvre ?
• Est-ce qu'il a déjà vu la tour Eiffel ?
• Avez-vous déjà pris le métro ?
• Avez-vous déjà fait la promenade en bateau sur la Seine ?
• Êtes-vous déjà allés à Montmartre ?

Ex. 8 : N'inaugure-t-on pas le stade aujourd'hui ?
N'y a-t-il pas beaucoup de monde ?
Raphaëlla n'y donne-t-elle pas un concert ?
M. Bouvet ne fait-il pas un discours ?
Raphaëlla n'a-t-elle pas obtenu le disque d'or ?
Ses chansons ne sont-elles pas excellentes ?

Ex. 9 : • le → vous savez qu'un homme a été retrouvé mort
• en → j'ai entendu parler de la découverte de l'homme mort
• en → je ne suis pas sûr de votre présence au Perroquet vert
• le → ils vous diront que j'étais avec eux
• le → je vais leur téléphoner
• y → vous n'aviez pas pensé au jour de fermeture du Perroquet vert
• le → c'est vous qui dîtes que vous ne l'avez pas tué

Ex. 10 : ... Je crois que nous ne trouverons jamais de travail... Pour que nous trouvions un emploi, il faut que nous partions d'ici, que nous allions dans une grande ville... Je pense que tu as raison... je crois que je vais rester ici... Je regrette que tu ne viennes pas avec moi... Je suis sûre que dans un an tu feras comme moi... J'espère quand même que je trouverai un emploi...

Ex. 18 :

	1	2	3	4	5	6	7
1	A	R	B	I	T	R	E
2	C	O	U	L	E	U	R
3	C	I	R	E		S	E
4	E	S	E		A	S	
5	L		A	I	M	E	R
6	É	C	U	M	E		U
7	R	I		A	R	T	S
8	E	T	A	G	E	R	E
9	R	E		E		I	S

UNITÉ 3 - Leçon 1

Ex. 1 : Quelques exemples...
Dans le sac à main : un mouchoir, un tube de rouge à lèvres, un flacon de parfum, un stylo à plume, un agenda, un briquet en or, un étui à cigarettes, etc.
Dans la serviette du professeur : des livres, des copies d'élèves, des dossiers, un sandwich, un journal, etc.

Ex. 3 : a/ Il est franc
Elle est égoïste
Il est réfléchi
Elle est naïve
Il est hypocrite
b/ Il est sournois : il dissimule ses sentiments d'antipathie parce qu'il a un service à lui demander. Il n'est pas franc.,
Elle est désintéressée. Elle aide les pauvres sans rien attendre en retour.
Il est étourdi : il ne fait pas attention à ce qu'il fait. Il oublie toujours quelque chose.
Elle est rusée : la petite fille a fait semblant d'avoir mal au ventre pour ne pas aller à l'école.
Il est sincère. Michel dit qu'il ne gagne que 4 000 F par mois. Il est sincère. J'ai vu son bulletin de paye.

Ex. 5 :

1 - Consigne à bagages	2 - Douches
3 - Restaurant	4 - Bureau de change
5 - Escalier mécanique	6 - Téléphone
7 - Billetterie	8 - Bar
9 - Banque	

Ex. 6 : Plusieurs élèves ne sont pas venus en cours.
La plupart des élèves ont réussi...
Certains collègues sont venus me voir.
Elle a envoyé une invitation à chacun de ses amis.
J'ai lu la plupart des romans de Balzac.

Ex. 7 : a/
- ... Il a même fait un gâteau
- ... J'ai téléphoné, j'ai écrit, je suis même allé sonner à sa porte
- ... Il a même organisé une grande soirée
- ... Il est même allé au pôle Nord

b/
- Henri a lu toute l'œuvre de Balzac... même sa pièce de théâtre.
- Jacques sait tout faire... même la plomberie et l'électricité.
- Tout le monde est venu à la soirée de Michèle, même Françoise.
- Elle a tout révisé, même les questions qui ont été posées l'an dernier.

Ex. 8 : Thérèse : Quelqu'un a téléphoné pour moi pendant mon absence ?
Irène : Non, personne.
Thérèse : J'ai reçu des lettres ?
Irène : Non, aucune.
Thérèse : Pas même une carte postale ?
Irène : Non, pas une seule.
Thérèse : Des amis sont passés me voir ?
Irène : Non, aucun n'est passé, mais tes parents sont venus.
Thérèse : Ils ont laissé quelque chose pour moi ?
Irène : Non, rien.

UNITÉ 3 - Leçon 2

Ex. 1 :
- chemise : déchirée, trouée par une cigarette, la manche peut être décousue, ...
- la carrosserie d'une voiture : abîmée par un choc, enfoncée, rayée, percée par une balle, ...
- la lettre : déchirée, mouillée (par la pluie), brûlée.
- la poche : trouée, décousue.
- le bouton : décousu.
- le pneu : fendu (par un choc), troué, crevé.
- le verre : cassé, brisé, fendu, ébréché.
- le tuyau : percé.
- le moteur : abîmé, cassé, (en panne).
- le mur : fendu, enfoncé, démoli.
- le miroir : fendu, brisé, cassé.

Ex. 2 : a) *Avant.* Ils ont pris un petit déjeuner léger. Ils ont enfilé un maillot de coton, un short et des chaussures de course. Ils ont pris leur voiture pour sortir de la ville. Une fois arrivés, ils ont marché en respirant bien fort. Ils ont fait quelques mouvements d'assouplissement pour se mettre en forme.
Après. Ils se sont arrêtés progressivement. Ils se sont promenés pour le plaisir. Ils sont rentrés chez eux. Ils ont pris une douche. Ils ont bu de l'eau et se sont reposés sur leur terrasse au soleil.
b) *Avant.* Ils ont acheté une carte de téléphone au bureau de tabac. Ils ont cherché une cabine. Ils ont attendu qu'elle soit libre. Ils ont décroché. Ils ont introduit la carte et composé le numéro.
Après. Ils ont raccroché l'appareil. Ils ont repris leur carte. Ils l'ont rangée. Ils sont sortis de la cabine. Ils sont allés rendre visite à la personne qu'ils ont appelée.
c) *Avant.* Il est monté dans sa voiture. Il a tourné la clé du démarreur. Il a desserré le frein à main. Il a regardé dans son rétroviseur. Il est passé en première et il a quitté sa place de stationnement.
Après. Il est allé jusqu'à la station-service. Il a pris de l'essence. Il est descendu de sa voiture pour payer. Il a vérifié le niveau d'huile et d'eau. Il a donné un pourboire à l'employé.

Ex. 5 : ... je vais bientôt partir en vacances pour un mois...
Dans une semaine... en 4 heures je serai à Vichy. Je me reposerai à Vichy pendant une semaine. Pendant cette semaine... Je resterai dans cette région jusqu'au 20 août... jusqu'à la fin de mes vacances... Je resterai donc jusqu'à ce qu'il arrive.

Ex. 6 : J'attendrai Pierre jusqu'à ce qu'il arrive.
Tu peux occuper notre appartement jusqu'à ce que

nous rentrions de vacances.
Attends-moi jusqu'à ce que je sois de retour.
Il regarde la télé jusqu'à ce que les émissions finissent.
Je resterai avec vous jusqu'à ce que vous preniez le train.
Je t'ennuierai jusqu'à ce que tu finisses cette lettre.

Ex. 7 : • D'octobre 87 à fin février 88 → stage pour être agent commercial. A Noël 87 → Gérard rencontre Alain.
• De mars 88 à fin juin 88 → Gérard cherche du travail.
• Fin juin 88 → Il trouve un poste à Lille. Il part pour Lille. Il y reste jusqu'en avril 89 (retour à Marseille).
• décembre 89 → date de la conversation.

Ex. 8 : • Oui, nous les lui avons envoyés.
Non, il ne nous les a pas renvoyés.
• Oui, je le lui ai offert.
Oui, elle me l'a dit.
• Oui, il m'en a demandé.
Non, je ne lui en ai pas donné.
• Oui, il m'en a vendu un.
Je le lui ai payé 2 000 F.

Ex. 9 : • Elle se plaint tout le temps
• Éteins la lumière !
• Tu peins combien de toiles par mois ?
– Ça dépend...
– Et tu les vends combien ?
– Entre 5 000 et 10 000 francs.
– Je ne comprends pas pourquoi les artistes se plaignent.
• Je vends ma voiture.
• Personne ne répond.

UNITÉ 3 - Leçon 3

Ex. 1 : 1 : « Ici, à mes pieds ! »
2 :« Là, sous la table ! »
3 :« Là-bas au-dessous de la pierre ! »
4 :« Là-haut. Au-dessus de la cheminée ! »
5 :« A l'intérieur. Sur l'armoire ! »
6 :« Au sommet de la montagne ! »
7 :« Au bord de la rivière »
8 :« Au fond de l'eau »
9 :« Dans l'arbre »

Ex. 2 : a/ Écartez-vous ! Reculez !
b/ Pierre, écarte-toi un peu ! Pousse-toi un peu à gauche
c/ Passez !... Avancez !
d/ Approchez-vous !
e/ Montez !
f/ Attention, approchons-nous sans faire de bruit !...

Ex. 4 : • ... C'est angoissant
• ...La nuit, les trains font un bruit épouvantage, terrible
• ... Sa femme est inquiète
• ... Il est terrifiant, horrible
• ... Ils ont été effrayés, terrorisés
• ... Le bébé a été effrayé

Ex. 6 : • Ces verres sont fragiles.
• Cette chaise est solide. Elle est faite dans un bois très dur.
• Cette viande n'est pas assez tendre.
• Il faut que la surface soit bien lisse.
• Les vêtements de sport doivent être faits avec un tissu léger et souple.

Ex. 7 : Je souhaite que Jacqueline vienne demain.
Nous regrettons que M. Legal ne soit pas à l'heure.
Je suis sûr qu'il fera beau demain.
Je souhaite vous revoir.
Je regrette de ne pas pouvoir venir chez vous.
J'ai peur que nous n'arrivions pas à l'heure.
Je crains de ne pas finir ce travail ce soir.
Je crois qu'elle réussira dans la vie.

Ex. 8 : • Non, je ne veux pas le finir.
• Non, je ne veux plus en prendre.
• Non, il ne peut pas le faire.
• Non, je ne peux pas t'en prêter.
• Non, je ne peux pas te les apporter.
• Non, il ne l'accepte pas.

Ex. 9 : Prière de ne pas fumer / ne pas poser d'affiches... / ne pas se pencher... / ne pas sortir / ne pas déranger le directeur / ne pas stationner...
Veuillez ne pas fumer / ...
Soyez gentil de ne pas fumer / ...

Ex. 12 : a) Important bureau cylindrique en placage de bois rose, orné de bronze ciselé et doré.
Au centre, des attributs de musique et des rubans. Style Louis XV. Haut : 110 - Larg. : 130 - Prof. : 66,5 cm.
b) Grande armoire en bois naturel. Deux portes décorées de moulures. Base et corniche sculptées de têtes d'angelots et de fleurs. Fin XVIIe s. Haut : 258 - Larg. : 244 - Prof. : 81 cm.
c) Miroir en verre gravé à double encadrement, fronton ajouré, dans le goût vénitien. XIXe s. Haut : 175 - Larg. : 118 cm.
d) Paire de grands médaillons ovales en cuir représentant des bustes de femmes symbolisant le printemps et l'été. Cadres en bois sculpté et doré. XVIIe s. Haut : 87 - Larg. : 68 cm.

Ex. 15 : Dans l'origine de ces noms propres on reconnaît :
a/ des noms de lieu
Dupuis (celui qui habite à côté d'un puits) - Dubourg (bourg=gros village) - Delarue (<rue) - Lavigne (<vigne) - Lagarde (tour de garde) - Roman (<Rome)
b/ des noms de profession
Barbier - Lemercier (colporteur)
c/ des caractérisation physiques
Brunot (<brun de cheveux) - Morin (<brun de peau) - Legrand (celui qui est grand) Martin vient du dieu Mars.

Ex. 16 : Gargouille - clé de voûte sculptée - échauguette - fenêtre vénitienne à pilastres - obélisque - minaret à bulbe.

UNITÉ 3 - Leçon 4

Ex. 1 :

pétale la tige un bouton une feuille
les racines le feuillage un fruit
une branche le tronc (l'écorce) un nœud

Ex. 2 :

a - le laurier b - le muguet
c - la violette d - l'érable
e - la rose f - le chêne
g - le lys h - le cyprès
i - le lierre j - le narcisse

Ex. 4 : Ascension

Tôt le matin, nous avons commencé à grimper la falaise à pic. L'ascension était difficile. Il fallait s'accrocher aux rochers et ne pas perdre l'équilibre. Nous étions tous les trois reliés par une corde attachée à notre ceinture. A un moment, Michel a glissé sur une plaque de glace et il a failli tomber dans le vide. Heureusement la corde l'a retenu. Il a pu s'accrocher à un rocher et a réussi à se hisser jusqu'à nous.

Plongeon

Du haut de la falaise de 10 mètres, Isabelle plonge dans la mer. Elle nage une trentaine de secondes entre deux eaux. Puis elle remonte à la surface.

Ex. 6 :
- Quand il arrivera au sommet, il aura parcouru 10 km. Quand il est arrivé au sommet, il avait parcouru 10 km.
- Quand nous partirons en voyage, tu auras passé ton examen. Quand nous sommes partis en voyage, tu avais passé ton examen.
- Quand nous irons au cinéma, nous aurons dîné.
  Quand nous sommes allés au cinéma, nous avions dîné.
- Quand nous viendrons vous rejoindre, vous serez resté(s) 3 jours à Paris. Quand nous sommes venus vous rejoindre, vous étiez resté(s) 3 jours à Paris.
- Quand nour irons faire du sport, il sera rentré du bureau. Quand nous sommes allés faire du sport, il était rentré du bureau.

Ex. 7 : a/
- L'incendie a détruit la ville. Le feu avait été allumé par... L'incendie s'était développé...
- Gobinet avait commencé à courir le 10 000 mètres au lycée, son professeur de gymnastique l'avait remarqué et lui avait conseillé...

b/
- Myriam aura passé une dure journée. Elle se sera levée à ... Les cosmonautes auront effectué un voyage dans l'espace de 15 jours...

Ex. 8 : Voici l'emploi du temps de Jean-Louis et d'Annie.

Heure	Jean-Louis	Annie
6 h	Départ pour Le Caire	Départ pour Rome
8 h		Arrivée de Rome
16 h	Arrivée du Caire	Départ pour Madrid
20 h		
22 h	Départ pour Hong Kong	Retour de Madrid

Les deux époux auront donc le temps de se voir entre 16 h et 20 h.

UNITÉ 3 - Leçon 5

Ex. 1 :
- ... on peut contempler un paysage magnifique... on peut apercevoir la mer.
- ... Ils observent (épient) ses allées et venues.
- ... on n'arrive pas à distinguer les feux...
- ... J'ai pu à peine l'entrevoir.
- ... Il a repéré (aperçu).

Ex. 2 : Exemples de réponses.

« En traversant la forêt après un orage, on peut voir les gouttes d'eau briller au soleil, on peut les entendre tomber à travers les branches, on peut sentir l'odeur de l'herbe et de la terre mouillée.

Ex. 4 : Le poulet... Il faut le découper.
L'arbre... Il faut les couper.
Ils avaient... Ils l'ont partagée.
Les mauvaises herbes... Il faut les arracher.
Le pantalon... Il faut le raccourcir.
Un jour... une pomme qui s'était détachée de l'arbre...

Ex. 6 :
- M. Arnaud est peut-être malade mais il risque aussi d'avoir oublié le rendez-vous. Il se peut également que sa voiture soit en panne. Il est enfin possible qu'on l'ai appelé d'urgence ailleurs.
- Il est possible que ce bébé ait faim. Il risque aussi d'être énervé par la chaleur. Il se peut également qu'on fasse trop de bruit. Il est enfin possible que ce soit une dent qui le fasse souffrir.

Ex. 7 : M.R. :Arnal et moi, nous avons fondé...
M.C. : Qu'est-ce que vous aviez fait avant ?
M.R. : ... Moi, j'avais fait des études d'ingénieur et j'avais été engagé. Arnal, lui, il était sociologue, mais il avait beaucoup voyagé (il voyageait beaucoup)... C'est lui qui a eu l'idée de la fabrique...
M.C. : C'était une bonne idée ?
M.R. : ... Deux ans après l'ouverture nous avions doublé notre chiffre d'affaires ... Le commerce des jouets s'est développé en même temps que notre entreprise... A la fin de l'année nous aurons ouvert une fabrique en Italie.

Ex. 8 : Michèle a fait nettoyer sa moquette.
Jean a fait cuire le bœuf bourguignon pendant 3 heures.
Julien s'est fait renvoyer du collège.
Mireille s'est fait arracher deux dents.
Jacques a fait écouter des disques à Valérie.
François a fait apprendre ses leçons à Jean-Baptiste.

Ex. 10 :
- ... Il faut que je fasse venir le médecin, que je lui fasse prendre ses médicaments, que je le fasse manger, ...
- ... Je dois faire changer les freins, repeindre la carrosserie. Je dois aussi faire faire la vidange.
- ... Il faut que je la fasse nettoyer.

UNITÉ 4 - Leçon 1

Ex. 1 :

Verbe qui décrit l'action	Celui qui fait l'action	Celui qui subit l'action	Le nom qui indique le résultat de l'action
employer	un employeur	un(e) employé(e)	un emploi
vaincre	un vainqueur	un vaincu	la victoire
élire	un électeur	un(e) élu(e)	une élection
assiéger	un assiégeant	un assiégé	un siège
envoyer	un envoyeur	le destinataire	un envoi
voler	un voleur	le volé	un vol
tuer	un tueur	un tué	une tuerie (un meurtre)

Ex. 3 :
a/ un sous-marin — b/ un revolver
c/ un canon — d/ un pistolet-mitrailleur (une mitrailleuse)
e/ un missile

Ex. 5 : • Véronique regarde dans la glace sa nouvelle robe... Elle se demande si elle n'est pas un peu longue.
• Tu crois que Daniel a téléphoné à Gérard... Je sais qu'ils se sont vus. Je les ai aperçus... Ils se parlaient. Ils se disputaient ?
Non, ils avaient l'air de bien s'entendre.
• Mais ils se sont téléphoné deux fois par jour. Le matin, c'est Françoise qui a appelé Alain à son hôtel. Le soir, c'est Alain qui a téléphoné.

Ex. 7 : Ce soir-là, Victor Duval triomphait. Sa liste venait de gagner les élections municipales. Il était arrivé dans la ville de B... huit ans auparavant. Deux ans après, il s'était présenté aux élections municipales mais il avait été battu. Il s'était promis de se représenter aux élections suivantes et le 1er mars dernier, il avait commencé une nouvelle campagne électorale. Elle s'était terminée l'avant-veille des élections. La veille, Victor Duval s'était reposé dans sa villa du Touquet...
Le lendemain, il offrirait un cocktail à ses amis et à la presse.
Deux jours après, le conseil municipal se réunirait et il serait élu maire de la ville. Il était sûr qu'aux élections suivantes, 6 ans après, il serait encore réélu.

Ex. 8 : Chronologie des activités du chanteur Jean-Paul Vincent.
• Vers le 1er juillet : début d'une tournée dans les grandes villes du Sud
• A partir du 7 juillet environ : la tournée passe par les stations balnéaires de la Côte d'Azur
• 13 juillet : concert difficile
• 14 juillet : concert triomphal
• 15 juillet : 11 heures. J.P. Vincent prend son petit déjeuner à l'hôtel Beaurivage
• 16 juillet : pas de concert
• 17 juillet : reprise de la tournée
• Vers le 21 juillet : J.P. Vincent part en vacances aux Seychelles jusqu'au 5 août environ
• Jusqu'au début novembre : tournage d'un film.

Ex. 9 : • Il est obligé d'aller à Paris pour son travail un lundi par mois.
• Le jeudi de l'Ascension est un jour férié en France.
• Ils vont au cinéma tous les vendredis soir.
• Je me souviendrai toujours de ce dimanche-là. Il faisait un froid terrible.
• La catastrophe s'est produite un dimanche du mois d'octobre.
• Elle ne travaille jamais le lundi.
• « Je viendrai samedi.
– Quel samedi ? Ce samedi ou le suivant ? »

UNITÉ 4 - Leçon 2

Ex. 1 : a : la minute - b : la seconde (le dixième et le centième de seconde) - c : les générations, les décennies - d : les années - e : les siècles - f : les ères - g : les époques

Ex. 2 : • Jean-Jacques... a quitté son poste... Il a laissé sa famille
• ... les ouvriers ont renoncé à continuer la grève et se sont résignés à reprendre le travail. La direction avait consenti à leur donner...
• ... André a cédé. Il a sacrifié ses vacances...

Ex. 3 : En l'an 451, une immense année... envahit la Gaule. Ces envahisseurs sont les Huns... Attila veut conquérir l'Europe entière... Il occupe les villes de... Partout les habitants se rendent... Attila... s'apprête à attaquer la ville... les habitants résistent... Les Huns sont repoussés vers l'Est.

Ex. 4 :

a/ XIXe siècle — b/ au Moyen-Age

c/ aux XVIIe et XVIIIe siècles — d/ dans l'Antiquité

e/ pendant la Préhistoire — f/ pendant la Renaissance

Ex. 6 : « ... si j'obtenais ce poste de direction, je gagnerais beaucoup plus d'argent. Les enfants et toi, vous seriez beaucoup plus heureux. Tu ne serais pas obligée de travailler. Nous pourrions louer un appartement plus grand où les enfants auraient chacun leur chambre. Patrice ferait des études universitaires. Nous partirions en vacances en Thaïlande. On achèterait une maison de campagne... »

Ex. 8 : Conditions possibles.

Si ta voiture était réparée, nous irions à la campagne (si+imparfait)

Si tu avais travaillé davantage, tu aurais réussi... (si+plus que parfait)

Si vous ajoutez un peu de sel, le plat que vous préparez... (si+présent)

Si vous vous allongiez, vous vous sentiriez... (si+imparfait)

Si tu étais venu(e), tu te serais bien amusé(e) (si+plus que parfait)

Si l'eau n'est pas froide, je me baignerai (si+présent)

Ex. 9 : « Tu admires Louis XIV. Moi, je suis beaucoup moins enthousiaste. D'une part, son règne a été celui du rayonnement culturel de la France en Europe, d'autre part, pendant ce siège, le pays a été presque continuellement en guerre.

Je sais bien qu'il y a des côtés positifs. D'abord la France a acquis des frontières sûres, ensuite, l'économie s'est un peu développée.

Mais par ailleurs, il y a aussi des côtés négatifs. Premièrement l'absolutisme : non seulement Louis XIV a écarté la noblesse du pouvoir mais il a aussi supprimé le Parlement. Deuxièmement la guerre : la France a fait la guerre d'abord à la Hollande, puis à l'Allemagne, ensuite à l'Angleterre, enfin à toute l'Europe ! Troisièmement, il y a aussi des guerres civiles entre catholiques et protestants. Et pour finir, l'économie ; c'est vrai que Louis XIV [...] extraordinaire. D'ailleurs, la fin de son règne, les paysans étaient aussi pauvres qu'au début.

UNITÉ 4 - Leçon 3

Ex. 1 : Une gomme pour gommer, effacer. Un agenda pour noter les rendez-vous. Du blanc pour effacer. Un stylo et du papier pour écrire. Une équerre pour tracer des angles droits. Un compas pour tracer des cercles. Un coupe-papier pour ouvrir les lettres. Des crayons de couleur pour colorier. Des trombones, une agrafeuse, du scotch pour faire tenir des feuilles ensemble.

Ex. 2 : a B - b D - c E - d A - e F - f G - g C

Ex. 3 :

a : être évident — b : être de mauvaise humeur

c : ne rien faire — d : avouer son ignorance

e : s'en moquer — f : en vouloir à quelqu'un

Ex. 4 : a/ déboutonner sa chemise, la quitter

dénouer son foulard

dégrafer sa ceinture, quitter son pantalon

délacer ses chaussures, les quitter

passer son maillot

b/ enfiler sa chemise, la boutonner

nouer son foulard

enfiler, passer son pantalon, serrer sa ceinture

mettre ses chaussettes, ses chaussures, les lacer

Ex. 5 : Lui : J'ai 18 ans. Je mesure 1,80 m et je suis plutôt mince. J'ai les cheveux blonds, courts et souples. J'ai le visage ovale et les joues creuses et les yeux bleus. Je porte une tenue décontractée avec une cravate décorée de notes de musique.

Elle : J'ai 17 ans et je mesure 1,65 m. Je suis brune, j'ai les cheveux longs et bouclés, les yeux bruns. J'ai le visage plutôt rond et les pommettes saillantes. Je porte un jean et une chemise à rayures.

Ex. 6 :
- ... de magnifiques figures artistiques
- ... on ne voit pas son visage
- Robespierre est une grande figure...
- ... sous toutes ses faces
- ... le visage inconnu de l'Afrique
- ... la face cachée de la lune
- ... Et ne te lave pas seulement le visage (la figure).

Ex. 7 : a/ Justification de la terminaison « s » des mots composés au singulier.

Le porte-clés peut contenir plusieurs clés.

Le compte-gouttes produit plusieurs gouttes.

b/ Justification de la terminaison singulier des mots composés au pluriel.

Des chasse-neige : des engins qui chassent la neige.

Des essuie-glace : des balais qui essuie le pare-brise de la voiture.

N.B. Dans les noms composés l'élément verbal reste invariable.

Ex. 8 : Types de phrases à construire :

Bien qu'il sache qu'il est incapable de réparer lui-même sa voiture, Patrick Blanchard refuse de la conduire chez un garagiste. On lui dit qu'il doit être ponctuel au bureau, il arrive quand même en retard tous les matins...

Ex. 9 :
- ... elles se sont rencontrées. Elles ne se sont pas souri et ne se sont même pas dit bonjour
- ... elle s'est coupée à la main
- Les coureurs se sont préparés...
- Pierre et André se sont disputés... Ils ne se sont pas rendu compte...
- Mireille s'est rendue au rendez-vous... elle s'est demandé

Ex. 10 : Hier, Isabelle m'a proposé d'aller au restaurant. Elle m'a demandé si j'aimais les restaurants chinois parce qu'elle en connaissait un tout près de la gare. J'ai accepté car elle m'a dit que nous y serions tranquilles et que nous mangerions bien. Je lui ai demandé si on mangerait avec des baguettes car je ne sais pas m'en servir ! Elle m'a répondu que ce n'était pas très difficile, qu'elle me montrerait comment faire et qu'elle était sûre que je me débrouillerais très bien.

Ex. 11 : A → b,B → a, C → b, D → d, E → c, F → a,

UNITÉ 4 - Leçon 4

Ex. 1 : Il s'agit d'une facture de téléphone
Elle est envoyée par FRANCE TÉLÉCOM
Elle est adressée à ALAIN DURAND
La somme à payer s'élève à 392,68 F
Elle se compose de :
Abonnement du 1.05 au 30.06 : 75,88 F. Consommation compteur du 15.02 au 15.04 : 415 unités à 0,615 F=255,22 F. Total hors taxe : 331,10 F. TVA 18,6 %=61,58 F - Total T.T.C. : 392,68 F à régler avant le 15.05.89.

Ex. 3 : • La constitution de 1958 a été modifiée...
• Le développement des transports a bouleversé (transformé)...
• La municipalité a décidé de rénover...
• Les Français doivent renouveler...
• ... Je dois la changer
• ... Ces événements ont complètememnt bouleversé sa vie.

Ex. 4 : • Il m'est difficile de me déplacer...
• ... je trouve que les automobilistes roulent...
• Une voiture banalisée de la police suit... L'homme vient de traverser la ville... il se dirige vers l'entrée...
• Demain, je dois me rendre à Rome...

Ex. 7 : • Robert Souvignac donne tant de directives à ses employés qu'ils passent leur temps à lire ses notes de service.
• Il est si autoritaire que ses employés n'osent pas prendre d'initiatives.
• Il crie tellement fort qu'on l'entend à l'autre bout de l'usine.
• Il donne tant de travail à ses employés qu'ils ne savent pas par où commencer.
• Il est tellement injuste qu'il a renvoyé deux personnes.
• Il est tellement désagréable que tout le monde le déteste, même le directeur.

1					C	L	E	O	P	A	T	R	E			
2					H	E	N	R	I		VIII					
3				F	R	E	D	E	R	I	C		I			
4					I	S	A	B	E	L	L	E				
5			W	A	S	H	I	N	G	T	O	N				
6					T	I	B	E	R	E						
7	L	I	N	C	O	L	N									
8					P	E	R	I	C	L	E	S				
9				C	H	A	R	L	E	S		Q	U	I	N	T
10					E	L	I	S	A	B	E	T	H			

11				C	A	V	O	U	R				
12			R	O	B	E	S	P	I	E	R	R	E
13			A	L	E	X	A	N	D	R	E		
14	N	E	R	O	N								
15				M	I	N	G						
16				B	I	S	M	A	R	C	K		

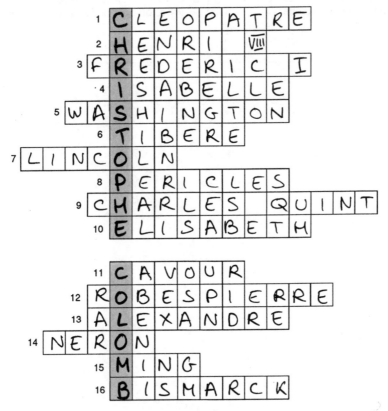

UNITÉ 4 - Leçon 5

Ex. 1 :

(F) un abricot
(A) de l'ail
(F) un ananas
(L) un artichaut
(F) une banane
(C) du blé
(L) une betterave
(M) du beurre
(C) du maïs
(L) un navet
(L) un oignon
(F) une orange
(C) de l'orge
(F) une pêche
(A) du persil
(F) une poire
(F) une cerise
(L) un épinard
(M) du fromage
(F) une fraise
(L) des haricots
(M) du lait
(L) une laitue
(A) du laurier
(F) une pomme
(L) une pomme de terre
(L) des petits pois
(L) un radis
(C) du riz
(F) un raisin
(A) du thym
(C) du seigle

Ex. 3 : cueillir=arrêter, un pépin=un ennui, planter=laisser, récolter=avoir, semer=dépasser, se ramasser=se relever

Ex. 4 :
- ... le gouvernement a fait preuve d'une très grande sagesse.
- ... Jacques ne doit pas avoir la conscience tranquille.
- ... j'en ai l'intuition.
- ... Il a l'esprit vif.
- ... Ce qu'elle dit est toujours plein de bon sens.

Ex. 5 : explorer - un explorateur - une exploration
chercher – un chercheur- une recherche
inventer – un inventeur – une invention
conquérir – un conquérant – une conquête
philosopher – un philosophe – la philosophie
cultiver – un cultivateur – une culture
élever – un éleveur – un élevage
arroser – un arroseur – un arrosage
adorer – un adorateur – une adoration
croire – un croyant – une croyance

Ex. 6 :
- J'ai rencontré un type sympathique dont le frère est musicien.
- Valérie, dont je t'ai déjà parlé, est venue me voir.
- Papa, est-ce que tu peux me donner ce vieux chapeau dont tu ne te sers plus.
- Je suis allé voir un film de Rohmer qui m'a passionné.
- Je vais vous montrer des photos d'un endroit superbe où nous avons passé nos vacances.
- Il va vendre sa vieille guitare dont il ne joue plus.
- Quelqu'un, dont je ne me souviens plus du nom, t'a téléphoné.
- Il vient d'acheter une voiture d'occasion qui ne marche pas très bien.

Ex. 7 : « Fais ce que tu veux !... Préparez ce qui vous plaît !... Prends ce dont tu as besoin !... Invite tous ceux que tu connais !... Même celui qui s'est disputé avec toi... C'est celui dont le père est inspecteur des impôts... »

Ex. 8 : « ... C'est de là que je viens... c'est la région où je suis née... c'est là où (que) nous irons... avril est un des mois où je travaille le plus... C'est une période où il y a toujours de longs week-ends... »

p. 5 : Roger Viollet ; p. 9h : Rapho, Barret ; p. 9b : Rapho, Testut ; p. 10 : SDP, Dubroux ; Paramount ; p. 11 : Antenne 2 ; p. 16, 17, 18 : Achille Talon Méprise l'Obstacle de Creg, Éditions Dargaud ; p. 24g : AAA, Myers ; p. 24d : Rapho, Zuber ; p. 25 : AFP ; p. 26g : Magnum, Depardon ; p. 26m : Rapho, Ohanian ; p. 26d : Rapho, Vialeron ; p. 33hg : Rapho, Stuart ; p. 33hd : Rapho, Phelps ; p. 33b : Rapho, Michaud ; p. 35 : Les Frustrés de C. Bretécher, Les Presses de la Cité ; p. 40 : TF 1 ; p. 41hg : Magnum, Morath ; p. 41hd : Magnum, Erwitt ; p. 41mg : Rapho, Roubier ; p. 41md : Rapho, Bajande ; p. 41bg : Magnum, JK ; p. 41bd : Rapho, Paygnard ; p. 43 : Gamma, Hires ; p. 47 : Rapho, Serraillier ; p. 49 : Rapho, Gile ; p. 51hg : Gamma, Kosicki ; p. 51hd : Vandystadt, Duomo ; p. 51m : Vandystadt, All Sport ; p. 51b : Vandystadt ; p. 52hg : Rapho, Michaud ; p. 52hd : Gauvreau ; p. 52mg : Gauvreau ; p. 52bg : Roger Viollet ; p. 52bd : SDP, Muncke ; p. 56h : Marie Claire Italie, Redaelli ; p. 56b : SDP, Ozu ; p. 58 : Gamma, Racuet ; p. 61 : Roger Viollet, Boyer ; p. 64hd : Giraudon, Lauros ; p. 64hg : Roger Viollet ; p. 64bd : Giraudon, Lauros ; p. 64bg : Giraudon, Lauros ; p. 66h : Théâtre d'Edgar ; p. 67d : Rapho, Goursat ; p. 67m : Gamma, Uzan ; p. 67g : Sygma, Annebicque ; p. 80d : Stills, Dupin ; p. 80m : Sygma, Frank ; p. 80g : Sygma, Schachmes ; p. 85h : Roger Viollet ; p. 85mhd : Rapho, Berli ; p. 85mhmd : Gauvreau ; p. 85mhmg : Gauvreau ; p. 85mhg : Gauvreau ; p. 85bd : Rapho, Ciccione ; p. 85bmd : Rapho, Ciccione ; p. 85bmm : Gauvreau ; p. 85bmg : Gauvreau ; p. 85bg : Gauvreau ; p. 91 : Genia ; p. 92d : Rapho, Fournier ; p. 92m : Rapho, Desoye ; p. 92g : Rapho, Donnezan ; p. 93 : Cinestar ; p. 98, 99 : Le Couple de Bosc, Éditions Denoël ; p. 101 : Musée National d'Art Moderne, Paris ; p. 103 : Guide vert Michelin, Périgord-Berry ; p. 104h : Gamma, Benainous ; p. 104b : Extraits du catalogue de la Salle des Ventes Richelieu-Drouot ; p. 105h, b : Roger Viollet ; p. 106d : Rapho, Viollon ; p. 106g : Roger Viollet ; p. 107hd : Rapho, Viollon ; p. 107hg : Roger Viollet ; p. 107md : Roger Viollet ; p. 107mg : Giraudon, Lauros ; p. 107b : Rapho, Viollon ; p. 113 : La Femme Piège de Bilal, Éditions Dargaud ; p. 114 ; Éditions Coppelia ; p. 119 : Gauvreau ; p. 120d : Asterix chez Rahazade de Goscinny et Uderzo, Éditions Albert René ; p. 120g : C. Mondolini ; p. 127b : Les Presses de la Cité ; p. 128h : Éditions Grasset ; p.128b : Les Presse de la Renaissance ; p. 129d : Folio Junior, Gallimard ; p. 129md : Éditions Gallimard ; p. 129mg : Folio Junior, Gallimard ; p. 129g : Folio Junior, Gallimard ; p. 130h : Sygma, Schachmes ; p. 136, 137 : Les Cadres de Lauzier, Éditions Dargaud ; p. 139 : Gavreau ; p. 140 : Gauvreau ; p. 146 : France Télécom ; p. 151 : Génia ; p. 157d, h : Gamma, Yamaguchi ; p. 158g : Tass.

RECHERCHES ICONOGRAPHIQUES : Atelier d'images
Dessins : Xavier de Sierra
Conception graphique : Karrousel
Édition : Michèle Grandmangin

Imprimerie Hérissey – Évreux – N° 69020
N° d'éditeur 10027985 - (VIII) - (465) - OSBT 80 - Imprimé en France – Mai 1995